I0161865

"Islam during ʿUmar's reign was like an approaching man who kept getting closer. When ʿUmar was killed, it was like a departing man who kept getting more distant."

~ Ḥuḏayfa ibn al-Yamān, companion of the Prophet ﷺ

قال سيدنا حذيفة بن اليمان رضي الله عنه:

"مَا كَانَ الإِسْلاَمُ فِي زَمَانِ عُمَرَ إِلاَّ كَالرَّجُلِ الْمُقْبِلِ مَا يَزْدَادُ إِلاَّ قُرْبًا. فَلَمَّا قُتِلَ عُمَرُ كَانَ كَالرَّجُلِ الْمُدْبِرِ مَا يَزْدَادُ إِلاَّ بُعْدًا."

The Martyrdom

of

ʿUmar ibn al-Khaṭṭab عليه السلام

by

Abdullah Al-Rabbat

مَقْتَلُ أَمِيرِ المُؤْمِنِينَ عُمَرَ بنِ الخَطَّابِ عليه السلام

جمعه

عبد الله بن محمد الرّبّاط

First Edition, 2023
ISBN: 979-8-218-33934-0
Published by Damask Publishers

Table of Contents

Preface

Many before me have undertaken the daunting task of compiling a chronicle of the events pertaining to the life of the Commander of the Faithful and righteous apostle of Allah's Messenger ﷺ, ʿUmar ibn al-Khaṭṭāb. After an intense scrutiny and study of the traditions, I too have decided to compile an orderly account of his martyrdom that can serve as a reliable source of historical traditions and an inspiring account about a *walī* of Allah worthy of much reflection.

Several years ago, I published a historical critique of a dubious narrative propagated by extremist Shi'ite heretics, in which ʿUmar is maligned as Fāṭima's murderer (Allah be pleased with them both). My critique was titled, *The Passion of Fāṭima: Critiquing Kitāb Sulaym ibn Qays*, and it thoroughly dispelled this narrative and its underlying sources. It may be surprising for some to discover that many heretics influenced by such Shi'ite tales and myths observe the day of ʿUmar's death as a religious commemoration and a manifestation of divine justice. Some of these heretics venerate ʿUmar's wicked murderer to the extent that a shrine was built in his honor in Kashan, Iran.

This book, while focusing on ʿUmar's martyrdom, provides insights into his leadership and character, enabling readers to better appreciate his legacy and significance (Allah be pleased with him). Hopefully, the truths of history can resonate with the sincere among our friends and foes, encouraging them to shift their perspectives in accordance to the evidence at hand. As for heretics consumed and intoxicated by hatred, a sober and balanced historical discourse is nearly impossible.

Before delving into the accounts and traditions, understand that I have carefully strung together the most reliable of traditions and accounts into a single cohesive narrative. If I cite a tradition without comment, then that it is because I deem it authentic. Otherwise, I would elaborate on the tradition's authenticity in the footnotes. The weak traditions I reference herein generally are of slight weakness, and they are worthy of consideration as historically accurate reports. In the appendix, I listed the original traditions in Arabic for reference.

Note that while the events described in the book are drawn from the authentic traditions, some of the sequencing in the chronicle is a byproduct of my own diligence. I attempted to identify textual indicators of chronology to the best of my ability, but such indicators are occasionally elusive or absent. The general structure of the narrative is clearly outlined in the authentic traditions; however, certain minute details or events can be reorganized in a variety of arrangements. Nonetheless, such a reorganization is mostly inconsequential to the narrative, as no theme or fact in the narrative would be drastically altered either way.

In my translation, my priority was to remain as loyal as possible to the original text's literal meaning while also not compromising the legibility of the resulting English text. This approach, however, is not always feasible with certain Arabic expressions and phrases that would not make much sense when translated word-for-word into English. I therefore occasionally opted for more meaningful translations of the Arabic that departed from the original text's syntax and morphology.

I did not elaborate much on the political aftermaths of ʿUmar's death and the subsequent succession of ʿUthmān, as that is a matter more worthy of elucidation in a book dedicated to ʿUthmān, God-willing.

Prophecies and Prayers

One day, the Messenger of Allah ﷺ ascended Mount Uḥud with Abū Bakr, ʿUmar and ʿUthmān in his company. The mountain began to rumble, so the Messenger of Allah ﷺ struck it with his leg and exclaimed, "Calm down, Uḥud! For none other than a prophet, a *ṣiddīq*, and two martyrs stand upon you!"(1) It was thus decreed that two of the three men accompanying Allah's Messenger ﷺ on that day were destined for martyrdom.

Years later, the Messenger of Allah ﷺ passed away. Though direct revelation from Allah unto mankind would cease with the Messenger of Allah's ﷺ death, some traces of prophethood would remain. The Prophet ﷺ said, "None remains from prophethood except good omens (*al-mubashirāt*)." The Prophet ﷺ was then asked, "What are good omens?" He replied, "A righteous visionary dream."(2) Elsewhere, the Messenger of Allah ﷺ also said, "The visionary dream of a believer is one forty-sixth of prophethood."(3)

During Abū Bakr's reign, shortly after the Messenger of Allah's death ﷺ, the aforementioned prophecy would be reiterated. A righteous companion of the Prophet ﷺ named ʿAwf ibn Mālik would see a dream in which all people were assembled onto a single plane, and therein was a man who stood taller than everyone else by three arm spans. In the dream, ʿAwf inquired, "Who is this?" He was told, "It is ʿUmar ibn al-Khaṭṭāb." ʿAwf then inquired, "How did he surpass the people?" It was said, "He has three qualities. In Allah's cause, he does not fear the blame of a critic. And he

---

(1) Ṣaḥīḥ al-Bukhārī (3/1344-1345, 3/1353)

(2) Ṣaḥīḥ al-Bukhārī (6/2564)

(3) Ṣaḥīḥ al-Bukhārī (6/2564), Ṣaḥīḥ Muslim (4/1773-1774)

is a martyr who shall be martyred. And he is a successor who shall be designated."

ʿAwf later approached Abū Bakr and informed him of this dream, and Abū Bakr sent him to ʿUmar so that he may inform him of the good news. Abū Bakr then said to him, "Retell your dream." While ʿAwf was retelling his dream, he arrived to the part that said, "He is a successor who shall be designated," and ʿUmar rebuked and silenced him at that moment.

Later, after Abū Bakr's passing when ʿUmar became caliph, he traveled to al-Shām. While delivering a sermon there, ʿUmar noticed ʿAwf ibn Mālik in the audience, and he summoned him to his side on the pulpit. ʿUmar said to him, "Retell your dream." ʿAwf shared the dream with the audience, and ʿUmar then commented, "As for not fearing any critics' blame when in Allah's cause, I hope that Allah makes me among them. As for me being a designated successor, I have succeeded, so I ask Allah that He aids me in that which He has consigned to me. As for me being a martyr who shall be martyred, how am I to be martyred whilst I am in the midst of Arabia not raiding any of the peoples around me?!" ʿUmar then interrupted himself, saying, "Woe to me! Woe to me! Allah will bring it if He wills."(1)

After this realization, ʿUmar used to frequently supplicate, saying, "O Allah, I beseech you for martyrdom in Your cause and a death in your Prophet's land."(2) His daughter, Ḥafṣa, one day heard him uttering this prayer, to which she confusingly inquired, "How could that be?!"

---

(1) Kitāb al-Ṭabaqāt al-Kabīr of Ibn Saʿd (3/307)

(2) Ṣaḥīḥ al-Bukhārī (2/668), Akhbār al-Madīna of Ibn Shabba (3/95)

ʿUmar resolutely responded, "Allah brings His command however He wills."(1)

ʿUmar also used to say, "O Allah, make me die in the company of the righteous, and do not leave me behind with the wicked. Protect me from the torment of the Hellfire, and unite me with the virtuous."(2)

He would also pray, saying, "O Allah, do not let my murder be at the hands of a slave who has ever prostrated to you such that he may cite his prostration against me on the Day of Resurrection!"(3)

---

(1) Kitāb al-Ṭabaqāt al-Kabīr of Ibn Saʿd (3/307), Akhbār al-Madīna of Ibn Shabba (3/90)

(2) Kitāb al-Ṭabaqāt al-Kabīr of Ibn Saʿd (3/307)

(3) Al-Maṭālib al-ʿĀliya of Ibn Ḥajar (15/762)

ʿUmar's Governance

ʿUmar's approach to governance was deeply engaged at both the micro and macro levels. Driven by a profound and overwhelming sense of responsibility towards his subjects, he commonly used to roam the streets of Medīna at day and night, gauging the well-being of his subjects in the vicinity.

One night, ʿUmar patrolled Medīna with his slave, Aslam. They eventually arrived to an area named Ṣirār, where they noticed a campfire from a distance. ʿUmar said, "Aslam, I see that those people are riders who have been hindered by the night and cold. Let us set out to them."

Both men thus jogged until they arrived to the campsite, where they found a woman with crying children. They had placed a cauldron atop a campfire, so ʿUmar said, "O people of the light! Peace be upon you (*al-Salāmu ʿAlaikum*)!" The woman replied, "And peace be upon you (*wa-ʿAlayk al-Salām*)." ʿUmar said, "Shall I approach?" The woman said, "Approach with good. Otherwise, leave." ʿUmar then approached the camp and inquired, "What is your situation?" She said, "We have been hindered by the night and cold."

ʿUmar asked, "What is wrong with these children who cry?" She replied, "Hunger." ʿUmar said, "And what is in this cauldron?" The woman, unaware of her interlocutor's identity, replied, "Water that I use to soothe them until they fall asleep. Allah is the judge between us and ʿUmar!" ʿUmar said to her, "Allah have mercy upon you. How would ʿUmar be aware of your situation?" She retorted, "He governs us, yet he is oblivious to us!"

Following that exchange, ʿUmar returned to Aslam and said, "Let us set out," and both men jogged back to the flour storage. ʿUmar took out some flour and fat, and he said to Aslam, "Place it on my back." Aslam replied, "I can carry it for you." ʿUmar said, "Woe to you! Will you carry my sins on my behalf on the Day of Resurrection?!" Aslam thus obliged ʿUmar's request and placed the provisions onto ʿUmar's back, and they both set out jogging once again.

Upon their return to the woman's campsite, ʿUmar dropped the provisions near her. He then took out some flour and said to her, "Drop the flour into [the cauldron], and I will stir it for you." ʿUmar blew onto the fire beneath the cauldron, and the smoke wafted through his large beard in the process. The food was eventually ready, so ʿUmar said to the woman, "Fetch me something," to which she brought a pot. ʿUmar said, "Feed them, and I will cool it for them." He persisted until they were all satiated, and he left the surplus of provisions with her.

As ʿUmar and Aslam stood up to leave, the woman, still unaware of ʿUmar's identity, said to him, "May Allah reward you! You are more worthy of rulership than the Commander of the Faithful!" ʿUmar replied, "Say good. If you are to ever visit the Commander of the Faithful, you would find me there, God-willing (*in shā'a Allāh*)."

ʿUmar moved some distance away from her and then turned to face her, waiting poised like a lion. Aslam said to ʿUmar, "You have other matters to tend to," but ʿUmar ignored him. From a distance, both men observed the children play fight and laugh, and they then observed them fall asleep. ʿUmar then rose, praising Allah, and he said to Aslam, "Aslam, hunger kept them up and made them cry. I did not want to leave before witnessing what I had just witnessed."(1)

One day, while ʿUmar walked in the market, a young woman followed him. She eventually said to him, "O Commander of the Faithful! My husband died, and he left behind young children with no provision to find! They have no crop or livestock, and I fear for them the hyena by their

---

(1) Tārīkh al-Ṭabarī (2/1194-1195)

side![1] I am the daughter of Khufāf ibn ʾĪmāʾ al-Ghifārī, and my father attended al-Ḥudaybiya with the Prophet!"

ʿUmar stood by her side and did not leave. He said to her, "Welcome, a dear lineage!" He then approached a stout camel tied in the house, and he loaded it with two containers that he filled with food. He also loaded the camel with clothes and funds, and he then handed her its reins. ʿUmar said to her, "Take it, and Allah will bring you more goodness before it is depleted."

A man there said to ʿUmar, "O Commander of the Faithful, you have given her too much!" ʿUmar replied, "Woe to you! By Allah, I have seen her father and her brother lay siege to a fortress for some time before they finally conquered it. And now, we reap from their share in it!"[2]

ʿUmar's sense of responsibility extended not only to his human subjects, but also the animals under his care. He used to place his hand on the bruise of a camel and say, "I fear that I shall be questioned about what befell you."[3]

Despite such impressive deeds and feats, ʿUmar clearly maintained an immense sense of urgency, and he never allowed his post or achievements to inflate his ego. Anas ibn Mālik once walked with ʿUmar until they arrived to a garden, and ʿUmar subsequently entered the garden, leaving Anas outside. Though both were separated by a wall, Anas overheard ʿUmar chastising himself, saying,

---

(1) This is not a word-for-word translation of the woman's statement. In the Arabic text, the woman delivers her complaint to ʿUmar in rhyming prose. I attempted to capture some of that experience in my translation at the expense of a literalist rendering of the text.

(2) Ṣaḥīḥ al-Bukhārī (4/1527)

(3) Kitāb al-Ṭabaqāt al-Kabīr of Ibn Saʿd (3/266). There is a slight discontinuity in this isnād, as ʿUmar's grandson, Sālim ibn ʿAbdillāh ibn ʿUmar, reported it directly from ʿUmar without citing his source(s).

"ʿUmar ibn al-Khaṭṭāb?! Commander of the Faithful?! Wow! By Allah, you shall fear Allah! Otherwise, Allah will punish you!"(1)

ʿUmar was perpetually concerned with his governors' and deputies' conduct, so he consistently monitored their whereabouts in their respective jurisdictions. ʿUmar once wrote to Abū Mūsā al-ʾAshʿarī, his governor in Baṣra, saying, "The most important of your matters to me is prayer. Whosoever maintains it shall maintain his faith, and whosoever is negligent of it will be negligent of all else," and ʿUmar then listed for him the appropriate prayer times.(2)

ʿUmar also wrote to Abū Mūsā al-ʾAshʿarī, saying, "Without ado, the happiest of rulers are those whose subjects become happy through them, and the most miserable of rulers in the Eyes of Allah are those whose subjects become miserable through them. Beware of wallowing lest your clerks wallow as well. Your parable in the sight of Allah would therefore be that of a grazing animal which, upon noticing a green patch of land, grazes there, seeking fatness. However, its very demise is in fatness! Peace be upon you."(3)

In a sermon he once delivered before his subjects, he said, "By Allah, I have not dispatched my governors so that they may strike your skins and seize your wealth. Rather, I have dispatched them so that they may teach you your faith and the *sunan*, and so that they may rule justly and distribute the *fayʾ*(4) justly between you. If anything of that

---

(1) Al-Muwaṭṭaʾ - Riwāyat Yaḥyā al-Laythī (p. 756-757)

(2) Al-Muwaṭṭaʾ - Riwāyat Yaḥyā al-Laythī (p. 34-35), al-ʾIstiḏkār of Ibn ʿAbdilBarr (1/235), Kitāb al-Tahajjud wa-Qiyām al-Layl of Ibn Abī al-Dunyā (p. 479)

(3) Ḥilyat al-ʾAwliyāʾ wa-Ṭabaqāt al-ʾAṣfiyāʾ of Abū Nuʿaym (1/87)

(4) *Fayʾ* refers to wealth that was rightfully acquired from the disbelievers without combat. It spans the *jizya*, the taxes imposed

nature has been done to anyone, then he should raise it to me. By the One in Whose hand lies ʿUmar's soul, I shall seek his retribution!"

Upon hearing this, ʿAmr ibn al-ʿĀṣ stood up and said, "O Commander of the Faithful, what if a Muslim man had subjects, and he disciplined some of his subjects? Would you seek retribution from him?"

ʿUmar replied, "Why would I not seek retribution from him when I saw the Messenger of Allah himself offering retribution for his own actions?! Do not strike them and thus humiliate them! Do not prevent them from their rights and thus make them spiteful! Do not coerce them and thus be a *fitna* to them! Do not march them into thickets and thus lose them!"(1)

In fact, ʿUmar was well-aware of his own sternness and austerity, and he sought to ensure that his tendencies never facilitated oppression of his subjects. When ʿUmar became caliph, he ascended the pulpit and addressed the people, saying, "I will supplicate, so say, '*āmīn.*' O Allah, I am coarse, so make me softer! I am austere, so make me more bounteous! I am weak, so strengthen me!"(2)

Whenever a delegation from any region visited ʿUmar, it was his habit to inquire about their respective governor's conduct. ʿUmar would ask, "Does he visit your ill?" They would reply, "Yes." ʿUmar then would inquire, "Does he visit the slave?" They would reply, "Yes." He would then inquire, "How does he treat the weak? Does he sit at his door?" If the delegation answered, "No," to any of ʿUmar's

---

on non-Muslim merchants in Muslim lands, the inheritance of someone who dies without any viable heirs, and the spoils of war seized from enemies who flee prior to any combat. See al-Rawḍ al-Murbiʿ of al-Buhūtī (p. 375).

(1) Al-Mustadrak ʿAlā al-Ṣaḥīḥayn (8/192-193)

(2) Ḥilyat al-ʾAwliyāʾ of Abū Nuʿaym (1/92-93)

questions, he would consequently dismiss that governor from his post.(1)

While in the presence of a man, ʿUmar once kissed his son. The man commented in response, "I have such-and-such children, and I have never kissed a single one of them!" ʿUmar replied, "Allah only bestows mercy upon the most virtuous of his slaves [in conduct]."(2) It was reported that this man was initially appointed to an official post by ʿUmar, but ʿUmar replied to his comment, saying, "By Allah, you are even less merciful towards the people. You will never serve me," and he dismissed him from his post.(3)

ʿUmar often feared that his clerks may pressure or coerce his subjects into offering their prized possessions as *zakāt*. One day, a flock of sheep obtained through *zakāt* passed by ʿUmar, and he noticed therein a milking sheep with a large udder. He inquired, "What is this sheep?" He was told, "It is from the sheep of *ṣadaqa*." ʿUmar said, "Its owners could not have given it willingly! Do not be a *fitna* to the people! Do not take from the Muslims' precious wealth, and avoid the sustenance!"(4)

He was particularly scrupulous in his own consumption, ensuring he consumed only that which was rightfully his. It is reported that the Commander of the Faithful was once handed some milk to drink, and he drank it. He liked the milk, so he asked the man who offered it, "Where is this milk from?" The man then mentioned that he had passed

---

(1) Tārīkh al-Ṭabarī (2/1206-1207)

(2) Al-ʾAdab al-Mufrad of al-Bukhārī (p. 67), Jumalun Min Ansāb al-ʾAshrāf of al-Balāḏurī (10/325)

(3) Kitāb al-Zuhd of Hannād ibn al-Sarī (p. 619). This variant comes through Abū Muʿāwiya al-Ḍarīr, a truthful transmitter who used to err more frequently when transmitting from other than his main teacher, al-ʾAʿmash. This variant is plausible, but its isnād is not as reliable as that of the aforementioned variant. Allah knows best.

(4) Al-Muwaṭṭaʾ - Riwāyat Yaḥyā al-Laythī (p. 226)

by a certain watering spot where he encountered the livestock of *ṣadaqa* being watered. The caregivers milked some of the livestock for him, and he stored the milk in his canteen and later shared with ʿUmar. Upon learning this, ʿUmar immediately placed his hand in his own mouth, inducing himself to vomit out the consumed milk.(1)

It is reported that ʿUmar ibn al-Khaṭṭāb once fell ill, and honey was recommended to him. There was some honey in the treasury, so ʿUmar ascended the pulpit, saying, "Do you grant me permission to consume it? If not, then it is *ḥarām* upon me." They subsequently granted him permission to take it.(2)

ʿUmar's profound ascetism and scrupulousness were not confined to himself, for he diligently ensured that his own family did not enjoy any privileges through nepotism. In times of limited resources, he prioritized others over his family, ensuring his own household bore any associated burdens before others.

As an example, Aslam, ʿUmar's aforementioned clerk and *mawlā*, reported that ʿUmar had nine platters. Whenever he had fruit or delicacies, he would place them in those platters and distribute them to the Prophet's ﷺ wives. He always sent Ḥafṣa's portion last, ensuring that if there was any deficiency, it would come from her share.(3)

On one occasion, the Mother of the Believers, Ḥafṣa, addressed her father, saying, "Father, Allah has expanded the provision (*rizq*). He has granted you the lands, and He has multiplied the goodness. Shall you not eat food that is more palatable than your current food, and shall you not

(1) Al-Muwaṭṭaʾ - Riwāyat Yaḥyā al-Laythī (p. 227). There is a slight discontinuity in this account's isnād.

(2) Kitāb al-Ṭabaqāt al-Kabīr of Ibn Saʿd (3/257). There is an anonymous transmitter in this account's isnād.

(3) Al-Muwaṭṭaʾ - Riwāyat Yaḥyā al-Laythī (p. 234-235)

wear clothes that are less coarse than your current clothes?"

ʿUmar replied, saying, "I will cite you against yourself. Do you not recall the coarseness in lifestyle that the Messenger of Allah endured?" ʿUmar continued to remind her until she began to cry, and he then said, "I have told you that I, by Allah, will emulate the coarse lifestyle of them both if I am able to do so. Perhaps, I will then partake with them in their prosperity." The two men he referred to were the Messenger of Allah ﷺ and Abū Bakr.(1)

This discussion between ʿUmar and Ḥafṣa is expounded in a weaker tradition. Therein, ʿUmar is quoted telling her, "Daughter, tell me of the best garment Allah's Messenger wore in your presence." Ḥafṣa replied, "A cloak that I weaved for him which he then wore. A man from his companions later said to him, 'Grant me it,' so he gave it to him."

ʿUmar then said, "Tell me about the softest mattress you have ever laid out." She replied, "A mantle that we had folded for him. It then became too coarse for him, so we softened it. And a leather pillow stuffed with palm leaf fiber."

ʿUmar then said to her, "Daughter, my two companions have departed upon a certain state, and if I were to contradict them, I would be swayed away from them. Therefore, I will not do any of what you have suggested."(2)

In one of the years during ʿUmar's reign, the region experienced a drought, which resulted in a famine. ʿUmar's ascetism was even more pronounced that year in sympathy with his starving subjects. Prior to the famine, he used to consume ghee, but during that year, it became expensive and rare. ʿUmar thus said, "By Allah, I will not consume it

---

(1) Kitāb al-Ṭabaqāt al-Kabīr of Ibn Saʿd (3/258)

(2) Kitāb al-Zuhd of al-Muʿāfā ibn ʿImrān al-Mawṣilī (p. 280-281)

until the people consume it." Instead, he opted for oil. ʿUmar once said to, Aslam, "Aslam, reduce the oil's sharpness by cooking it for me." Aslam would cook it for him, and ʿUmar would then consume it. His stomach used to growl after that, but ʿUmar would say to it, "Growl as you wish! By Allah, you will not consume ghee until the people consume it!"(1)

The justice of the Commander of the Faithful spanned all of his subjects, the free man and the slave, the Arab and the non-Arab, officials and civilians, and all else. It is reported that a man once sat his slave girl on a heated skillet, which resulted in her buttocks being burned. When news of this reached ʿUmar, he emancipated the slave girl and severely beat her previous owner.(2)

Barring all of the previous traditions and accounts, ʿUmar's intense sense of responsibility as a ruler is manifested in many of his documented statements. The Commander of the Faithful once said, "Woe to the judge of earth's inhabitants on the day he shall meet the Judge of the heavens! That is, except for the one who pursues justice, judges by the truth, does not rule by whim, nepotism, desire or intimidation; and places the Book of Allah as a guide between his own eyes."(3)

Abū al-ʿĀliya, a *tābiʿī*, recalled that he most frequently heard ʿUmar supplicate, "O Allah grant us wellbeing and forgive us."(4)

As highlighted earlier in this chapter, the Commander of the Faithful used to roam the streets of Medīna like any

---

(1) Kitāb al-Ṭabaqāt al-Kabīr of Ibn Saʿd (3/291)

(2) Muṣannaf ʿAbdirrazzāq (8/106). There is a slight discontinuity in its isnād between Abū Qilāba and ʿUmar. A similar report was transmitted through another weak isnād on the same page.

(3) Muṣannaf Ibn Abī Shayba (11/594)

(4) Kitāb al-Ṭabaqāt al-Kabīr of Ibn Saʿd (9/112)

other citizen, monitoring the condition of his subjects. During his day and night patrols, he would casually interact with individuals who approached him, listening to their grievances and complaints. He was not isolated from his subjects by grand palaces or pompous entourages.

'Umar's Fajr Prayer Routine

Prayer was the Commander of the Faithful's solace, and it was his refuge in times of hardship, a custom of the righteous. In fact, 'Umar once said, "I prepare my armies whilst I am in prayer."(1) He was particularly fond of the voluntary night prayers (*qiyām al-layl*), and he once said, "Winter is the worshipers' prize," referring to its long nights conducive to lengthy sessions of prayer.(2)

At night, it was his custom to offer voluntary prayers in *qiyām*,(3) and he used to prefer worship at the end of the night.(4) Near the end of the night, he would wake his family up for prayer, saying, "Prayer! Prayer!" And he would recite the verse, "And exhort your family to pray, and patiently adhere to it. We ask of you no sustenance, but it is We who sustain you. The good ending shall be for righteousness. [Quran 20:132]"(5)

When Fajr time came in, he would depart to the Prophet's Mosque, where he would lead the prayer. It was his custom to call out as he entered the mosque before prayer, "Beware of disturbance!"(6) He once heard a man raising his voice in the Prophet's Mosque, to which he interjected, "Do you know where you are?!"(7)

'Umar would not initiate the congregational prayer before turning back to the front row to ensure its proper alignment. If he noticed anyone standing out of line, either

(1) Muṣannaf Ibn Abī Shayba (5/306)

(2) Ḥilyat al-'Awliyā' wa-Ṭabaqāt al-'Aṣfiyā' of Abū Nu'aym (1/89)

(3) Al-Muwaṭṭa' - Riwāyat Yaḥyā al-Laythī (p. 120)

(4) Al-Muwaṭṭa' - Riwāyat Yaḥyā al-Laythī (p. 116)

(5) Al-Muwaṭṭa' - Riwāyat Yaḥyā al-Laythī (p. 120)

(6) Muṣannaf Ibn Abī Shayba (5/294)

(7) Muṣannaf Ibn Abī Shayba (5/293)

ahead or behind the row, he would strike him with his staff. One *tābiʿī*, ʿAmr ibn Maymūn, recalled feeling so intimidated by ʿUmar such that he opted to pray in the second row instead.(1)

Those who frequently prayed behind ʿUmar recounted many of their profound memories with him in prayer. ʿUmar's son, ʿAbdullāh, said, "ʿUmar was once overcome by crying, and I heard his cries from the third row."(2) ʿAlqama ibn Waqqāṣ recalled, "I once prayed behind ʿUmar ibn al-Khaṭṭāb, and he recited *sūrat* Yūsuf. Whenever he would arrive to any mention of Yūsuf, I would hear him choke up from behind the rows."(3) ʿAbdullāh ibn Shaddād similarly recalled a memory of his involving ʿUmar and *sūrat* Yūsuf. ʿAbdullāh ibn Shaddād said, "Once, while I was in the last of rows, I heard ʿUmar choking up as he recited, 'I only complain of my grief and sorrow to Allah. [Quran 12:86]'"(4)

In fact, it was clear that ʿUmar maintained a special connection to *sūrat* Yūsuf, and it was his habit to calmly recite it in Fajr prayer. ʿAbdullāh ibn ʿĀmir ibn Rabīʿa said, "I only memorized *sūrat* Yūsuf and *sūrat* al-Ḥajj due to ʿUmar's frequent recitation of them in Fajr prayer. He used to recite them both in a slow recitation."(5)

ʿUmar's daughter-in-law, Ṣafiyya bint Abī ʿUbayd, also recounted, "ʿUmar once recited al-Kahf and Yūsuf or Yūsuf and Hūd in Fajr prayer. He faltered in *sūrat* Yūsuf, so he returned to its beginning and recited the entire *sūra*."(6)

---

(1) Kitāb al-Ṭabaqāt al-Kabīr of Ibn Saʿd (3/316)

(2) Al-Riqqa wa-l-Bukāʾ of Ibn Abī al-Dunyā (p. 275), Mukhtaṣar Qiyām al-Layl wa-Qiyām Ramaḍān wa-Kitāb al-Witr by al-Maqrīzī (p. 142)

(3) Al-Riqqa wa-l-Bukāʾ of Ibn Abī al-Dunyā (p. 275)

(4) Sunan Saʿīd ibn Manṣūr (7/405)

(5) Muṣannaf ʿAbdirrazzāq (2/201), al-Muwaṭṭaʾ - Riwāyat Yaḥyā (P. 89)

(6) Muṣannaf ʿAbdirrazzāq (2/200)

As the imām, he had a loud recitation that could be heard from a distance, even from outside the mosque. Mālik ibn Abī ʿĀmir, the grandfather of Imām Mālik ibn Anas, said, "We used to hear ʿUmar's recitation from the house of Abū al-Jahm at al-Balāṭ."(1)

After each prayer, it was his habit to remain seated, giving the congregants the opportunity to raise any of their complaints or requests. If no one approached him, he would eventually get up and leave.(2)

Due to this and other factors, he often was attentive to the attendance at congregational prayers in the Prophet's Mosque. One day, ʿUmar did not notice Sulaymān ibn Abī Ḥathma in the congregation for Fajr prayer. He departed to the market, and Sulaymān's residence was in between the mosque and the market. He passed by al-Shifāʾ, Sulaymān's mother, and he said to her, "I did not see Sulaymān at Fajr prayer." She replied, "He spent the night in prayer, so he was overcome by slumber." ʿUmar replied, "Attending Fajr prayer in a congregation is more beloved to me than spending an entire night in prayer."(3)

Al-Hurmuzān, a Persian resident of Medīna, once observed ʿUmar nonchalantly lying down alone in the Prophet's Mosque. In response, al-Hurmuzān remarked, "By Allah, this is the blissful king!"(4)

This will prove to be a noteworthy remark from a noteworthy person in a noteworthy place...

---

(1) Al-Muwaṭṭaʾ - Riwāyat Yaḥyā al-Laythī (p. 88)

(2) Musnad al-Ḥumaydī (1/17-18)

(3) Al-Muwaṭṭaʾ - Riwāyat Abī Muṣʿab al-Zuhrī (P. 64)

(4) Kitāb al-Ṭabaqāt al-Kabīr of Ibn Saʿd (3/273), Jumalun Min Ansāb al-ʾAshrāf of al-Balāḏurī (10/346)

The Slave of al-Mughīra ibn Shuʿba

During ʿUmar's reign, vast regions of the world were conquered and brought into the jurisdiction of Islam, resulting in an influx of non-Muslims and recent converts into the nascent Muslim empire. ʿUmar therefore decreed that no adult non-Arab disbeliever should be allowed to reside in Medīna, the capital of Islam at the time.(1)

Al-Mughīra ibn Shuʿba, a companion of Prophet Muḥammad ﷺ, wrote to ʿUmar, saying, "I have a slave who simultaneously is a carpenter, engraver and a blacksmith, and he is of much benefit to the people of Medīna. If you deem it fit that I bring him, then I will do so." ʿUmar thus granted him permission. Al-Mughīra eventually brought that slave to Medīna, and he was nicknamed Abū Luʾluʾa.(2)

Unlike many non-Muslim slaves and prisoners brought to Medīna and other Islamic hubs, Abū Luʾluʾa did not accept Islam.(3) Perhaps a further indicator of Abū Luʾluʾa's obstinance and arrogance, his own daughter who accompanied him to Medīna would eventually accept Islam like many of their fellow countrymen, but Abū Luʾluʾa would remain a Zoroastrian.(4)

Non-Arab slaves and *mawlās* had ample opportunities to ascend the hierarchies of the nascent Muslim state, with

(1) Kitāb al-Ṭabaqāt al-Kabīr of Ibn Saʿd (3/324), Muṣannaf ʿAbdirrazzāq (5/150-151), Akhbār al-Madīna of Ibn Shabba (3/104, 3/109, 3/120)

(2) Muṣannaf ʿAbdirrazzāq (5/107). This was reported disconnectedly by the junior *tābiʿī*, Ibn Shihāb al-Zuhrī. It was also reported in another account attributed to al-Miswar ibn Makhrama through an obscure isnād. See Tārīkh al-Ṭabarī (2/1185). Either way, it is established in several traditions that this slave was a skilled craftsman.

(3) Ṣaḥīḥ al-Bukhārī (3/1354), Muṣannaf Ibn Abī Shayba (20/597), Muṣannaf ʿAbdirrazzāq (5/107-108)

(4) Muṣannaf ʿAbdirrazzāq (5/110), Kitāb al-Ṭabaqāt al-Kabīr (3/329)

some even assuming prominent government positions and posts at various points.

As an example, ʿUmar once met his governor over Mecca, Nāfiʿ ibn ʿAbdilḤārith, in ʿUsfān. ʿUmar asked him, "Who did you leave behind in charge of the people of the Valley?" Nāfiʿ replied, "Ibn Abzā." ʿUmar inquired, "And who is Ibn Abzā?" Nāfiʿ said, "One of our *mawlās*." ʿUmar asked, "You left a *mawlā* behind in charge of them?" Nāfiʿ said, "He is a reciter of Allah's Book, and he is knowledgeable in the rulings of inheritance." ʿUmar remarked, "Your Prophet had said, 'Indeed, Allah elevates some people by this Quran and debases others by it'."[1]

In fact, some reports hint that Abū Luʾluʾa was never able to come to terms with the Islamic subjugation of Sassanid Persia. The Medinite historian, al-Wāqidī, reported that Abū Luʾluʾa used to cry whenever he encountered young slaves, and he would say, "The Arabs have left me in despair!" while caressing their heads.[(2)]

Sometime in year 23, a dispute involving Abū Luʾluʾa transpired before ʿUmar. Abū Luʾluʾa approached ʿUmar ibn al-Khaṭṭāb and complained about his master, al-Mughīra, saying, "Al-Mughīra has obliged upon me a tax that I cannot fulfill." ʿUmar inquired, "How much has he required you to pay?" Abū Luʾluʾa said, "Such and such." ʿUmar asked him, "What is your trade?" Abū Luʾluʾa replied, "I make hand mills." ʿUmar said, "Then that is not overtaxing for you, as no one but you in our land can make them. Can you make me a hand mill?" Abū Luʾluʾa replied, "Indeed. By

---

(1) Ṣaḥīḥ Muslim (1/559)

(2) Kitāb al-Ṭabaqāt al-Kabīr of Ibn Saʿd (3/322). It must be noted that al-Wāqidī is not a reliable transmitter, so his exclusive transmission should be treated with much scrutiny and caution.

Allah, I will make you a hand mill that will be talked about from east to west!"[1]

It was reported that Abū Lu'lu'a walked away from that encounter complaining and grumbling.[2] One day, while Ibn al-Zubayr was walking beside 'Umar, Abū Lu'lu'a reportedly gave 'Umar quite a dirty look. Ibn al-Zubayr described it saying, "I thought he would have assaulted 'Umar had I not been there."[3]

One report states that 'Umar had actually intended to later meet al-Mughīra and instruct him to reduce Abū Lu'lu'a's tax,[4] but the slave evidently was too consumed by rage and hatred to consider this possibility.

Not much before or after these encounters, 'Umar entered upon his wife, Um Kulthūm bint 'Alī ibn Abī Ṭālib, and he found her crying. He asked her, "What makes you cry?" She replied, "O Commander of the Faithful, this Jew [referring to Ka'b al-'Aḥbār] claims that you are on a gate of the Hellfire!" 'Umar said, "*Mā shā'a Allāh*! By Allah, I have hope that Allah had created me a happy person."

'Umar therefore summoned Ka'b al-'Aḥbār. When Ka'b arrived, he said, "O Commander of the Faithful, do not be hasty with me. By the One in Whose hand lies my soul, the month of Ḏū al-Ḥijja shall not pass until you are admitted into Heaven." 'Umar responded, "What is this?! One time, I

---

(1) Muṣannaf Ibn Abī Shayba (20/597), Akhbār al-Madīna of Ibn Shabba (3/109), Kitāb al-Ṭabaqāt al-Kabīr of Ibn Sa'd (3/320)

(2) Muṣannaf 'Abdirrazzāq (5/107), Akhbār al-Madīna of Ibn Shabba (3/110-111)

(3) Akhbār al-Madīna of Ibn Shabba (3/109-110). This tradition's isnād is disconnected between Nāfi' ibn Abī Nu'aym and Ibn al-Zubayr.

(4) Musnad Abī Ya'lā al-Mawṣilī (5/116), al-Mustadrak 'Alā al-Ṣaḥīḥayn of al-Ḥākim (5/272-273). This account was reported through Ja'far ibn Sulaymān al-Ḍuba'ī, a mediocre truthful transmitter. Allah knows best as to the veracity of this claim, as its isnād is somewhat deficient.

am in Heaven, and one time I am in the Hellfire?!" Kaʿb said, "O Commander of the Faithful, by the One in Whose hand lies my soul, I find you mentioned in Allah's book that you are at a gate of the Hellfire, barring people from falling into it. When you die, the people will persistently plunge into it until the Day of Resurrection!"(1)

Shortly after this, ʿUmar embarked to Mecca, overseeing the Ḥajj of year 23 in the month of Ḏū al-Ḥijja.(2)

(1) Kitāb al-Ṭabaqāt al-Kabīr of Ibn Saʿd (3/307-308)

(2) Muṣannaf Ibn Abī Shayba (20/597-598)

Signs in ʿUmar's Final Pilgrimage

During this pilgrimage, several unusual incidents involving ʿUmar took place. Though some may dismiss them as explainable coincidences, others clearly perceived them as noteworthy omens hinting at an imminent event.

As ʿUmar and his company stood on a mountain of ʿArafa, a random man addressed ʿUmar, saying, "O caliph!" At that moment, a man from the clan of Lahab from Azd Shanūʾa – a people who used to practice augury[(1)] – interjected, saying, "By Allah, ʿUmar shall never stand here again after this year!" Jubayr ibn Muṭʿim, who was part of ʿUmar's company, said, "I observed the man, and I recognized him and cursed him."[(2)]

On that day, perhaps shortly after that encounter, ʿUmar stood beside Ḥuḏayfa on Mount ʿArafa as they awaited the sunset.[(3)] Ḥuḏayfa was a wise man from the Prophet's ﷺ companions, and the Messenger of Allah ﷺ had disclosed to him many of the secrets and prophecies that would later manifest within his nation.[(4)]

Observing the people's *takbīr*, supplication and devotion in ʿArafa, ʿUmar was impressed. He said, "Ḥuḏayfa, how long will the people persist in this state?" Ḥuḏayfa replied, "There is a door before the *fitna*. Should it be broken or opened, the *fitna* will be unleashed." ʿUmar was troubled by this, so he inquired, "What is that door? And what is its

---

(1) This is a reference to divination: various prohibited acts and rituals where one attempts to yield knowledge of the future. It was often done with the assistance of devils, but it also may be based on unfounded superstition.

(2) Akhbār al-Madīna of Ibn Shabba (3/92-93)

(3) Kitāb al-Ṭabaqāt al-Kabīr of Ibn Saʿd (3/308), Akhbār al-Madīna of Ibn Shabba (3/148)

(4) Ṣaḥīḥ al-Bukhārī (3/1319), Ṣaḥīḥ Muslim (3/1475)

breaking or opening?" Ḥudayfa replied, "A man who dies or is killed." ʿUmar then astutely inquired, "Ḥudayfa, who do you see your people appointing after me?" Ḥudayfa replied, "I saw that the people would defer their matter to ʿUthmān ibn ʿAffān."(1)

On the next day while ʿUmar was throwing the pebbles as part of the Ḥajj rite commonly named *ramī al-Jamārāt*, a stray pebble struck ʿUmar in his head, drawing blood. Immediately after that, a man in the background was heard yelling, "*Ushʿirtu*,(2) by the Lord of the Kaʿba! Nay! By Allah, ʿUmar shall never stand here again after this year!"

Jubayr ibn Muṭʿim, who had remained in ʿUmar's company, said, "I looked back, and it was indeed the same Lahabī man who had earlier said what he had said to ʿUmar at ʿArafa."(3)

As ʿUmar departed from Minā, he chose to rest in al-ʾAbṭaḥ, which is known al-Muḥaṣṣab. He gathered a mound of fine pebbles and spread his cloak atop it. While lying down on that mound, ʿUmar stretched his hands to the sky in prayer, saying, "O Allah, I have become old. My strength has faltered. My subjects have dispersed. So, take me to You while I am neither negligent nor wasteful!"(4)

---

(1) Kitāb al-Ṭabaqāt al-Kabīr of Ibn Saʿd (3/308), Akhbār al-Madīna of Ibn Shabba (3/148)

(2) *Ishʿār* is a Ḥajj ritual where the animal sacrifices taken to the pilgrimage are designated through an incision that leaves them marked by their own blood. See Fatḥ al-Bārī of Ibn Ḥajar (1/139). It appears that this mysterious man in the tradition is metaphorically referring to ʿUmar's laceration as *Ishʿār*, further hinting that his fate is that of the sacrificial animals at Ḥajj: imminent death.

(3) Akhbār al-Madīna of Ibn Shabba (3/92-93), Kitāb al-Ṭabaqāt al-Kabīr of Ibn Saʿd (3/308)

(4) Al-Muwaṭṭaʾ - Riwāyat Yaḥyā al-Laythī (p. 192), Akhbār al-Madīna of Ibn Shabba (3/90). It should be noted that there is a slight discontinuity between Saʿīd ibn al-Musayyab and ʿUmar ibn al-Khaṭṭāb in the isnād. This weakness is not severe, and the account

That year, ʿUmar had granted the Prophet's ﷺ wives permission to join the pilgrimage, so they too were in Mecca at the time. Following ʿUmar's departure from al-Muḥaṣṣab at the end of the night, a masked man approached ʿUmar's previous campsite and eulogized him in a poem. Overhearing this, ʿĀʾisha said to her company, "Fetch this man's news." They sought the man, but his resting place was deserted. Later on, ʿĀʾisha would say, "I think he was from the *Jinn*."(1)

As the Ḥajj was completed and pilgrims began departing from Mecca, there happened to be a woman who died in the desert on her way back. People passed by her corpse on the road in total disregard until a poor man named Kulayb from the tribe of Banī al-Layth eventually took notice. Kulayb draped his garment over her corpse and sought assistance until he was able to bury her.

ʿUmar ibn al-Khaṭṭāb was later informed of this incident, to which he inquired, "Who among the Muslims passed by her?" He was told, "ʿAbdullāh ibn ʿUmar passed by her among others." ʿUmar summoned his son, ʿAbdullāh, and said, "Woe to you! You passed by a deceased Muslim woman laid on the road, and you did not bury and shroud her?!" ʿAbdullāh replied, "No. I did not notice her, and no one mentioned her to me!" ʿUmar said, "I feared that there was no good in you. By Allah, had you informed me that you had passed by her, I would have severely punished you!"

Recognizing that this event was a significant blunder of his subjects that required correction and reprimand, ʿUmar rose and delivered a sermon, chastising them for their negligence towards that deceased woman. In his sermon,

---

is corroborated and strengthened by another report. See Muṣannaf Ibn Abī Shayba (20/598).

(1) Akhbār al-Madīna of Ibn Shabba (3/91)

he also said, "Perhaps Allah will admit Kulayb into Paradise for his act with that woman!"(1) May the prayers and blessings of Allah be upon the poor Kulayb.

Around these times, Abū Mūsā al-ʾAshʿarī, ʿUmar's governor in Baṣra,(2) saw a mysterious dream. Abū Mūsā said, "I saw in my dream as though I had embarked upon many paths, and they all narrowed down until only one path remained. I followed it until I arrived to a mountain. Atop it was the Messenger of Allah ﷺ, and to his side was Abū Bakr, gesturing to ʿUmar to come to them."

Abū Mūsā interpreted this dream, saying, "To Allah we belong and to Him we shall return! The Commander of the Faithful will die!" Anas ibn Mālik then suggested, "Shall you not write to ʿUmar, informing him of this?" Abū Mūsā replied, "I would never announce his own death to him."(3)

---

(1) Juzʾ Abī al-Jahm al-Bāhilī (p. 105), Muṣannaf Ibn Abī Shayba (20/597-598)

(2) Tārīkh Khalīfa ibn Khayyāṭ (p. 154), Tārīkh al-Ṭabarī (2/1215)

(3) Kitāb al-Ṭabaqāt al-Kabīr of Ibn Saʿd (3/308), Akhbār al-Madīna of Ibn Shabba (3/94)

Prelude to A Grave Calamity

One Friday in Medina, ʿUmar delivered the Friday sermon in the Prophet's Mosque. Therein, he said, "I saw in a dream that a red rooster pecked me thrice. I see that it means nothing but that my time has come. Some people instruct me to designate my successor, but Allah would neither forsake His religion nor his caliphate. Nay, by that with which He sent His prophet! If my time comes hastily, the caliphate shall be a council between these six men, with whom the Messenger of Allah ﷺ was pleased when he died. I am aware that some people criticize this matter, and I myself struck them with this hand of mine, bringing them into Islam. If they do so, then they are disbelieving and misguided enemies of Allah!"(1)

Upon hearing of this dream, Asmāʾ bint ʿUmays, a female companion of the Prophet ﷺ knowledgeable in dream interpretation, said, "If your dream proves to be true, then you will be killed by a non-Arab man."(2)

In that sermon, ʿUmar also said, "By Allah, if I remain alive, I will have the lowest of the Muhājirīn each receive 2,000 in their stipends (*al-ʿaṭāʾ*)."(3)

It appears that ʿUmar had plans for a wide scale economic project that would improve the welfare of the caliphate by several orders of magnitude. Around a day after this sermon, ʿUmar was heard addressing Ḥuḏayfa ibn al-Yamān and ʿUthmān ibn Ḥunayf, saying, "Assess the lands before you to ensure that you have not taxed them in a manner they cannot bear."

---

(1) Ṣaḥīḥ Muslim (1/396)

(2) Muṣannaf Ibn Abī Shayba (16/58, 17/476)

(3) Muṣannaf Ibn Abī Shayba (20/595)

Ḥuḏayfa said to ʿUmar, "We have taxed the land with what it can bear. I have left them an equivalent amount to that which I took." ʿUthmān ibn Ḥunayf said to ʿUmar, "We have taxed the land with what it can bear, and I have left for them a slight surplus."

Thereupon, ʿUmar said, "Assess the lands before you to ensure that you have not taxed them in a manner they cannot bear! If Allah grants me life, I will ensure that the widows of Iraq never depend on a single person after me!"(1)

During this period, ʿAbdurraḥmān ibn Abī Bakr happened to be walking somewhere in Medīna, where he encountered three non-Arabs, Abū Luʾluʾa (al-Mughīra's aforementioned slave), Jufayna, and al-Hurmuzān, engaging in a private conversation. When ʿAbdurraḥmān surprised them with his presence, they jolted, dropping a two-pronged dagger as they scuttled away. At the time, ʿAbdurraḥmān did not make much of this incident.(2)

(1) Ṣaḥīḥ al-Bukhārī (3/1353), Muṣannaf ʿAbdirrazzāq (5/185)

(2) Kitāb al-Ṭabaqāt al-Kabīr of Ibn Saʿd (3/329)

Calamity One Fajr Prayer

On a Wednesday dawn four days after ʿUmar's previous encounter with Ḥudayfa ibn al-Yamān and ʿUthmān ibn Ḥunayf,(1) ʿUmar set out to the Prophet's Mosque to lead Fajr prayer, as was his custom. When it was time for the prayer to commence, ʿUmar called out, "Prayer, O slaves of Allah! Align yourselves (*istawū*)!"(2)

ʿUmar then commenced the prayer, and perhaps he was reciting *sūrat Yūsuf* or *al-Naḥl* in the first *rakʿa*.(3) He used to recite a long *sūra* to maximize attendance at the congregational prayer.(4) While ʿUmar was reciting aloud in the first *rakʿa*, a man with a two-pronged dagger leaped to him and stabbed him two or three times.(5) ʿUmar fell to the ground, and as he collapsed, he recited, "The command of Allah is an absolute decree. [Quran 33:38]"(6) He then yelled out, "The hound has killed me!"(7)

The perpetrator attempted to flee, stabbing anyone he encountered in his way. He eventually stabbed thirteen other men, seven of whom eventually passed away.(8)

---

(1) Musnad Aḥmed ibn Ḥanbal (1/249-251), Kitāb al-Miḥan of al-Qayrawānī (p. 66)

(2) Muṣannaf Ibn Abī Shayba (20/595)

(3) Ṣaḥīḥ al-Bukhārī (3/1353-1354), Muṣannaf Ibn Abī Shayba (20/594)

(4) Ṣaḥīḥ al-Bukhārī (3/1353-1354)

(5) Muṣannaf Ibn Abī Shayba (20/595)

(6) Kitāb al-Ṭabaqāt al-Kabīr of Ibn Saʿd (3/305), Muṣannaf Ibn Abī Shayba (20/595)

(7) Ṣaḥīḥ al-Bukhārī (3/1354), Muṣannaf Ibn Abī Shayba (20/587)

(8) Ṣaḥīḥ al-Bukhārī (3/1354), Juzʾ Abī al-Jahm (p. 105). Other sources slightly disagreed with the exact number of casualties, though they are in the general ballpark of this figure.

Among those who were slain that day was the poor Kulayb mentioned earlier in this book.

As Kulayb performed *wuḍūʾ* at the mosque, the perpetrator who stabbed ʿUmar approached him and ripped his stomach open with his dagger.(1) May the mercy and blessings of Allah shower Kulayb, and may the wrath of Allah be upon his murderer and those who admire him.

Noticing what had taken place, a Muslim man in the congregation eventually entrapped the perpetrator by engulfing him with a cloak. When the murderer assumed he would be captured, he committed suicide with his own dagger.

As this all transpired, the rear rows of congregants at the mosque, unaware of what had occurred in the front rows, noticed that ʿUmar's voice had gone silent. They began yelling from the back, "*Subḥān Allāh!*" ʿUmar grabbed ʿAbdurraḥmān ibn ʿAwf by his hand and drew him forth to lead the people in prayer.(2) ʿAbdurraḥmān, now the interim imām, led the people in a very light prayer, reciting some of the two shortest *sūras* in the Quran, *sūrat* al-ʿAṣr and al-Naṣr or al-Kawthar.(3)

---

(1) Juzʾ Abī al-Jahm (p. 105), Akhbār al-Madīna of Ibn Shabba (3/117-118), Muṣannaf Ibn Abī Shayba (20/598)

(2) This is per the account of Ḥuṣayn ibn ʿAbdirraḥmān from ʿAmr ibn Maymūn, as can be found in Ṣaḥīḥ al-Bukhārī (3/1354). Abū Isḥāq's account from ʿAmr ibn Maymūn, however, mentioned that ʿAbdurraḥmān was later pushed forth by the people, not ʿUmar, to lead the prayer when they feared that they would miss Fajr prayer after the interruption. See Muṣannaf Ibn Abī Shayba (20/494) and Muṣannaf ʿAbdirrazzāq (2/205). Other reports involving this event similarly make conflicting claims, so both should be considered plausible plots.

(3) Ṣaḥīḥ al-Bukhārī (3/1354), Kitāb al-Ṭabaqāt al-Kabīr of Ibn Saʿd (3/323-324)

Final Days on His Deathbed

ʿUmar then fell unconscious, and he was carried to his house. The people were quite distraught, and it was as though they had never faced a calamity of such magnitude before this day.(1)

ʿUmar remained unconscious until sunrise. A man in the company that remained by his side said, "Nothing will alarm him except prayer." The company, which included Ibn ʿAbbās and al-Miswar ibn Makhrama, consequently yelled out, "Prayer, O Commander of the Faithful!" ʿUmar thus opened his eyes and asked, "Did the people pray?" The group responded, "Yes." ʿUmar said, "Indeed, one who abandons prayer has no share in Islam," and he then offered prayer as his wound profusely bled.(2)

Ibn ʿAbbās recalled that he was the first person to enter upon ʿUmar after the stabbing. ʿUmar said, "Ibn ʿAbbās, remember three things that I shall say: I have not designated a successor. I have not issued a verdict in terms of *al-kalāla*. And all of my slaves are now emancipated."(3)

Identifying the Perpetrator

ʿUmar also addressed Ibn ʿAbbās, saying, "Ibn ʿAbbās, discern the identity of my killer." Ibn ʿAbbās went out for a while, and he found crowds of people waiting outside the door to ʿUmar's house, unaware of his fate. Some people were saying, "He is fine," and others would say, "I fear for him." Ibn ʿAbbās asked them, "Who stabbed ʿUmar?" They

---

(1) Ṣaḥīḥ al-Bukhārī (3/1354)

(2) Muṣannaf ʿAbdirrazzāq (1/311), al-Muwaṭṭaʾ - Riwāyat Yaḥyā al-Laythī (p. 58)

(3) Akhbār al-Madīna of Ibn Shabba (3/140). *Al-Kalāla* is a reference to a matter of inheritance that was the subject of dispute among early Islamic scholarship.

replied, "The enemy of Allah, Abū Lu'lu'a, al-Mughīra ibn Shuʿba's slave!"

Ibn ʿAbbās eventually returned to ʿUmar, saying, "It is Abū Lu'lu'a the Zoroastrian (*al-Majūsī*), al-Mughīra's slave." ʿUmar inquired, "The craftsman?" Ibn ʿAbbās said, "Yes." ʿUmar said, "May Allah combat him! I had instructed good in his regard. *Allāhu Akbar!* The Arabs never were to kill me! Praise be to Allah for not having my death be at the hands of a man who professed Islam who may cite a single prostration of his against me before Allah on the Day of Resurrection! You and your father used to like that the disbelieving non-Arabs proliferated in Medina!"

Al-ʿAbbās possessed the greatest number of slaves among them all, which is what ʿUmar alluded to in his final statement. In response, Ibn ʿAbbās proposed, "If you wish, we could kill them." The Commander of the Faithful was a just man. Though he had expressed dismay at the proliferation of non-Arab slaves of non-Muslim origins in Medīna, he acknowledged that retribution should not be collectively sought from them, especially after the conversion of many to Islam. ʿUmar thus responded to Ibn ʿAbbās' proposition, saying, "You have erred! Now that they have spoken in your tongue, prayed in the direction of your *qibla*, and embarked upon your pilgrimage!?"(1)

ʿUmar sent an inquiry to the people, saying, "Has this been premeditated by you?" They replied, "We seek refuge in Allah (*naʿūdu bi-llāh*) from that! We were neither aware of it nor were we privy to it! By Allah, we wish that we could ransom you with our own fathers!"(2) ʿAlī ibn Abī

---

(1) Ṣaḥīḥ al-Bukhārī (3/1354), Muṣannaf Ibn Abī Shayba (20/588), Akhbār al-Madīna of Ibn Shabba (3/118-119, 3/140)

(2) Akhbār al-Madīna of Ibn Shabba (3/120)

Ṭālib added, "Premeditated by us?! By Allah, I wish that Allah would take from our lives and add to yours!"(1)

Physicians Arrive to the Scene

ʿUmar then said, "Summon for me a physician who can assess my wound."(2) An Arabian physician arrived to the scene and asked ʿUmar, "What drink do you prefer?" ʿUmar said, "*Nabīḏ*."(3) He thus requested *nabīḏ*, and he drank it. As he swallowed the *nabīḏ*, it flowed out of his stab wounds. Those around ʿUmar exclaimed, "Praise be to Allah! This is merely blood that had settled in your stomach, and Allah has extracted it from your stomach."

Ibn ʿUmar then summoned another physician from the Anṣār from the clan of Banī Muʿāwiya, and he gave ʿUmar milk to drink. As ʿUmar drank the milk, it flowed out of his stab wound. When those present observed that, they realized that ʿUmar would die. The Anṣārī physician said to him, "O Commander of the Faithful, write your will. I do not think you will survive until nighttime."(4) ʿUmar thus said, "This man of Banī Muʿāwiya has told me the truth. Had you told me otherwise, I would have impugned you."(5)

After hearing this, the people began to cry. ʿUmar said, "Do not cry over us. Whoever is going to cry, then let him

---

(1) Akhbār al-Madīna of Ibn Shabba (3/150). This was reported by Jaʿfar al-Ṣādiq, from his father, Muḥammad al-Bāqir.

(2) Kitāb al-Ṭabaqāt al-Kabīr of Ibn Saʿd (3/316, 3/321)

(3) *Nabīḏ* was a once popular drink made by fermenting fruit, often dates or raisins, in water for a relatively short period of time before it becomes intoxicating. If left for a longer period of time, it becomes an impermissible intoxicant and thus impermissible.

(4) Ṣaḥīḥ al-Bukhārī (3/1354), Muṣannaf Ibn Abī Shayba (20/594), Kitāb al-Ṭabaqāt al-Kabīr of Ibn Saʿd (3/315, 3/321)

(5) Kitāb al-Ṭabaqāt al-Kabīr of Ibn Saʿd (3/321), Akhbār al-Madīna of Ibn Shabba (3/127-128)

go outside. Did you not hear the Messenger of Allah ﷺ say, 'The deceased one is tormented by his family's crying'?"(1)

Ṣuhayb, a righteous companion of Prophet Muḥammad ﷺ, approached 'Umar, crying aloud, "My brother!" 'Umar said to him, "Are you not aware that the Messenger of Allah said ﷺ, 'The deceased one is tormented by the crying of the living?"(2) 'Umar's wound was eventually wrapped with a black cloth, but it continued to bleed.(3)

'Umar's Wishes and Hopes

'Umar felt excruciating pain, and Ibn ʿAbbās attempted to assuage him, saying, "Regardless, O Commander of the Faithful, you have accompanied the Messenger of Allah ﷺ and done well in his companionship, and he died pleased with you. You then accompanied Abū Bakr and did well in his companionship, and he then died pleased with you. You then accompanied the people and did well in their companionship. If you are to depart from them, they would be pleased with you."

'Umar replied, "As for the Prophet's companionship and his approval, that merely is a favor bestowed upon me by Allah. As for Abū Bakr's companionship and approval, that merely is a favor bestowed upon me by Allah. As for my concern that you can see, it is over you and your companions. By Allah, if I possessed earthfuls of gold, I would offer it all to ransom myself from Allah's punishment before ever witnessing it."(4)

A young man from the Anṣār approached 'Umar and said, "Rejoice, O Commander of the Faithful, with Allah's good news: your companionship with the Messenger of

---

(1) Kitāb al-Ṭabaqāt al-Kabīr of Ibn Saʿd (3/321)

(2) Ṣaḥīḥ al-Bukhārī (1/432), Ṣaḥīḥ Muslim (2/639)

(3) Akhbār al-Madīna of Ibn Shabba (3/153)

(4) Ṣaḥīḥ al-Bukhārī (3/1350)

Allah ﷺ, your precedence in Islam, then your rule and subsequent justice, and then martyrdom!"

ʿUmar replied, "Do you all admire me for rulership?! My nephew, I wish that I am merely saved by the bare minimum, with nothing in my favor nor anything against me."(1) The young man left ʿUmar's presence at some point, and his garment trailed on the ground as he walked away. ʿUmar said, "Bring back the young man," to which he then advised him, saying, "My nephew, shorten your *thawb*, for it is more preserving of your *thawb* and more faithful to your Lord."(2)

ʿUmar then addressed his son, saying, "O ʿAbdullāh ibn ʿUmar, assess how much debt I owe." They then calculated it, and it amounted to 86,000 or a similar figure. ʿUmar said, "If it can be repaid from the wealth of ʿUmar's household, then pay it from their wealth. Otherwise, seek assistance from the tribe of ʿAdī ibn Kaʿb.(3) If their wealth does not suffice, then seek assistance from Quraysh, and do not surpass them to any other people."

He also said to his son, ʿAbdullāh, "Go to ʿĀʾisha, the Mother of the Believers, and convey my greetings to her. Do not refer to me as the Commander of the Faithful, for I am not a commander to the believers today. Tell her, 'ʿUmar seeks permission to be buried with his two companions'," referring to the Messenger of Allah ﷺ and Abū Bakr.

When ʿAbdullāh arrived to ʿĀʾisha's residence, he found her crying. He said to her, "ʿUmar conveys his greetings to you and asks for permission to be buried beside his two

(1) Akhbār al-Madīna of Ibn Shabba (3/130-132, 3/152), Kitāb al-Ṭabaqāt al-Kabīr of Ibn Saʿd (3/326),

(2) Ṣaḥīḥ al-Bukhārī (1/469), Akhbār al-Madīna of Ibn Shabba (3/130-132, 3/152)

(3) ʿAdī ibn Kaʿb is ʿUmar's clan within Quraysh.

companions." ʿĀʾisha replied, "I desired it for myself, but, today, I will give precedence to him over myself."

As ʿAbdullāh ibn ʿUmar returned to ʿUmar's residence, the people said, "Here is ʿAbdullāh ibn ʿUmar! He has returned!" ʿUmar said, "Sit me up," so a man held him up. He then said to ʿAbdullāh, "What news do you have?" ʿAbdullāh replied, "That which pleases you, O Commander of the Faithful! She has granted permission!" ʿUmar said, "Praise be to Allah! There was nothing that worried me more than that. When I die, carry me there. Then, convey greetings. If she grants me permission, carry me in. If she rejects me, carry me back to the Muslims' graveyards,[1] for buried in this Baqīʿ are companions of the Messenger of Allah and Mothers of the Believers better than ʿUmar."[2]

Imām Mālik, the noble scholar of Medīna, reported that ʿUmar's request for permission to be sought again after his demise was out of fear that ʿĀʾisha had initially granted permission out of intimidation by his authority.[3]

News of the Attack Reaches ʿUmar's Daughter

News of the attack eventually reached ʿUmar's daughter, Ḥafṣa, the Mother of the Believers. As she approached with the women, those in ʿUmar's company saw her, to which they went outside. She entered upon ʿUmar and cried for a while.[4] Thereupon, ʿUmar said to her, "Daughter, wait. Are you not aware that the Messenger of Allah ﷺ said, 'The deceased one is tormented by the crying of his family over him.'?"[5]

---

(1) Ṣaḥīḥ al-Bukhārī (1/469)

(2) Muṣannaf Ibn Abī Shayba (20/600)

(3) Kitāb al-Ṭabaqāt al-Kabīr of Ibn Saʿd (3/336)

(4) Ṣaḥīḥ al-Bukhārī (3/1355)

(5) Ṣaḥīḥ Muslim (2/638)

Ḥafṣa addressed her father, saying, "O companion of the Messenger of Allah ﷺ! O father-in-law of the Messenger of Allah ﷺ! O Commander of the Faithful!" ʿUmar said to his son, ʿAbdullāh, "Sit me up, for I cannot bear what I am hearing."

Ibn ʿUmar then leaned him up against his chest, and ʿUmar said to Ḥafṣa, "By my right upon you, I prohibit you from wailing over me after this gathering. As for your tears, I will have no control over them. Any deceased person who is wailed about and praised by that which he does not possess is resented by the angels."[1]

Conversation About ʿUmar's Successor

The men outside eventually asked for permission to enter, so Ḥafṣa went inside and they were able to hear her crying from the inner quarters of the house.[2]

The first men to enter upon ʿUmar were the Prophet's companions.[3] Those who entered said to ʿUmar, "Designate a successor, O Commander of the Faithful." ʿUmar looked at them and said, "I have contemplated the people's affairs, and I found no discord among them. If there is to be any discord, it would be among you. I find no one more worthy of this matter than the people with whom the Messenger of Allah ﷺ was pleased when he died: ʿAlī, ʿUthmān, al-Zubayr, Ṭalḥa, Saʿd, and ʿAbdurraḥmān."[4]

ʿUmar then said, "Summon ʿAlī, ʿUthmān, Ṭalḥa, al-Zubayr, ʿAbdurraḥmān ibn ʿAwf, and Saʿd." The men were

---

(1) Kitāb al-Ṭabaqāt al-Kabīr of Ibn Saʿd (3/335), Akhbār al-Madīna of Ibn Shabba (3/122)

(2) Ṣaḥīḥ al-Bukhārī (3/1355)

(3) Kitāb al-Ṭabaqāt al-Kabīr of Ibn Saʿd (3/312), Akhbār al-Madīna of Ibn Shabba (3/153-154)

(4) Ṣaḥīḥ al-Bukhārī (3/1355), Kitāb al-Ṭabaqāt al-Kabīr of Ibn Saʿd (3/319)

summoned except Ṭalḥa, who was tending an estate of his in al-Sarāt.[1] ʿUmar said to ʿAlī, "O ʿAlī, perhaps these people may acknowledge your kinship with the Prophet, your relationship to him as a son-in-law, along with the knowledge and understanding Allah has granted you. If you assume this matter, be cognizant of Allah, and do not have Banī Hāshim subjugating the people."

ʿUmar then addressed ʿUthmān, saying, "O ʿUthmān, perhaps they may acknowledge your relationship to the Prophet as a son-in-law, your seniority, and your honor. If you assume this matter, be cognizant of Allah and do not have Banī Abī Muʿayṭ subjugating the people."[2]

It was reported that ʿUmar also addressed ʿAbdurraḥmān ibn ʿAwf, saying, "If you reign over the people, O ʿAbdurraḥmān, then do not have your relatives subjugating them."[3]

As al-Miswar ibn Makhrama pressed one of ʿUmar's wounds, ʿUmar said, "O Quraysh! I worry not about what the people will do to you. Rather, I worry about what you will do to them! You will remain in a good state as long as you adhere to two things that I have left behind for you: justice in rule and justice in distribution [of resources]. I have left you upon a well-trodden path, unless some people are to sway, to which they shall be swayed!"[4]

ʿUmar then spoke on behalf of his son, saying, "ʿAbdullāh ibn ʿUmar bears witness before you all that he will have no role in the matter." ʿUmar further said, "If rulership arrives to Saʿd, then he shall be worthy of it. Otherwise, whoever becomes ruler among you should rely

(1) Kitāb al-Ṭabaqāt al-Kabīr of Ibn Saʿd (3/319)

(2) Kitāb al-Ṭabaqāt al-Kabīr of Ibn Saʿd (3/316, 3/319)

(3) Kitāb al-Ṭabaqāt al-Kabīr of Ibn Saʿd (3/319)

(4) Muṣannaf Ibn Abī Shayba (20/594)

on him, for I had not dismissed him from his post due to incompetence or treason on his part."

ʿUmar said, "I advise the caliph after me to take good care of the foremost Muhājirīn. He should know their rights and maintain their sanctity. I also advise him to take good care of the Anṣār who had settled in the homeland and accepted faith. He should accept the good from their good doer and overlook their wrong doers. I enjoin him regarding the inhabitants of the peripheral regions (*al-ʾAmṣār*), for they are the sheath of Islam, collectors of wealth, and an enragement to the enemy. Only their surplus should be taken from them with their own approval.

I also advise him to take good care of the Bedouins (*al-ʾAʿrāb*), for they are the foundation of the Arabs and the material of Islam. He should take from their peripheral wealth and return it to their poor. I advise him regarding the people of Allah and His Prophet's covenant.(1) He should fulfill their covenant, fight in their defense, and not consign to them anything beyond their ability."(2)

The Designated Council Attempts Deliberation

After ʿUmar's statement, the designated individuals in the council, barring Ṭalḥa, began discussing ʿUmar's succession. ʿUthmān attempted to involve ʿAbdullāh ibn ʿUmar in the council several times, but Ibn ʿUmar disliked involvement in that matter. When ʿUthmān excessively insisted, Ibn ʿUmar responded, "Do you designate a ruler whilst the Commander of the Faithful is still alive?!"(3)

---

(1) This is a reference to the Ḏimmīs or the people of al-Ḏimma, which refers to Christians or Jews who live within Islamic lands per the prescribed regulations and ordinances.

(2) Ṣaḥīḥ al-Bukhārī (3/1355-1356)

(3) Muṣannaf Ibn Abī Shayba (20/600), Kitāb al-Ṭabaqāt al-Kabīr of Ibn Saʿd (3/319)

Following that statement, it was as though ʿUmar ibn al-Khaṭṭāb had awoken from sleep. ʿUmar said, "Wait. Summon for me Ṣuhayb." He then said, "If anything happens to me, let Ṣuhayb lead you in prayer for three days. Those aforementioned individuals should then assemble alone in a house. If they reach a consensus regarding a successor, then strike the neck of whomever contradicts them and assumes rulership of the Muslims without their counsel."(1)

When they departed, ʿUmar commented, "If they consign it to the partially bald one (*al-ʾAjlaḥ*) [referring to ʿAlī ibn Abī Ṭālib] then he would embark them upon the upright path." Ibn ʿUmar consequently inquired, "Then what prevents you from designating him, O Commander of the Faithful?" ʿUmar replied, "I dislike bearing its responsibility during my life and after my death."(2)

Non-Companions Visit ʿUmar

After the Prophet's companions, other groups of people began paying tribute to ʿUmar ibn al-Khaṭṭāb. The first to be granted permission to visit him after the *Ṣaḥāba* were the people of Medīna.(3) Kaʿb al-ʾAḥbār, an ex-Jewish sage who had knowledge of the scripture, entered upon ʿUmar and said, " 'The truth is from your Lord, so do not be of those who doubt. [Quran 3:60]' I informed you that you would be a martyr, but you responded, saying, 'How am I to be martyred whilst I reside in Arabia?'"(4)

Kaʿb al-ʾAḥbār used to draw parallels between ʿUmar and a past righteous king from Banī Isrāʾīl who ruled justly

---

(1) Muṣannaf Ibn Abī Shayba (20/600), Kitāb al-Ṭabaqāt al-Kabīr of Ibn Saʿd (3/319, 3/316)

(2) Kitāb al-Ṭabaqāt al-Kabīr of Ibn Saʿd (3/316)

(3) Akhbār al-Madīna of Ibn Shabba (3/153-154)

(4) Kitāb al-Ṭabaqāt al-Kabīr of Ibn Saʿd (3/317, 3/315)

in the presence of a prophet.[1] Kaʿb stated that Allah instructed that prophet one day to inform the king of his imminent death in three days, so he should prepare his will. On the third day, the king collapsed in between his bed and wall and prayed to his Lord, saying, "O Allah, if you know that I ruled justly, that I followed Your will whenever matters were discrepant, and that I did such-and-such, then extend my life until my child grows old and my nation proliferates!"

Allah then revealed to that prophet, "The king has said such and such, and he is truthful. I have extended his life for another 15 years. In that, his child will grow and his nation will proliferate."

In light of this story, Kaʿb said, "By Allah, if ʿUmar requests it from his Lord, Allah will keep him alive." When ʿUmar was informed of Kaʿb's statement, he said, "O Allah, take me to You whilst I am neither incapable nor blameworthy."[2]

After the people of Medīna, the people of al-Shām were granted permission to enter upon ʿUmar. Then, the people of ʿIrāq were granted permission. Every time a people would enter upon him, they would praise him and cry. None but the ʿIrāqis asked ʿUmar for advice, and ʿUmar obliged them, saying, "Adhere to the Book of Allah, for you shall never go astray as long as you follow it." They reiterated their request for advice, and ʿUmar offered them advice similar to his past instructions regarding the Muhājirīn, the Anṣār, the Bedouins, and the *Ḏimmīs.* ʿUmar then said, "Now, leave me."[3]

---

(1) As will be made apparent, Kaʿb (Allah have mercy upon him) was referring to the story of King Hezekiah and Prophet Isaiah, which is mentioned in 2 Kings 20.

(2) Kitāb al-Ṭabaqāt al-Kabīr of Ibn Saʿd (3/328)

(3) Akhbār al-Madīna of Ibn Shabba (3/153-154)

Some women, including ʿAmra bint Rawāḥa (the sister of ʿAbdullāh ibn Rawāḥa), visited ʿUmar ibn al-Khaṭṭāb to greet him. One of them recalled hearing ʿUmar say there and then, "I have rectified the paths for you, so do not deviate them after I am gone."(1)

(1) Akhbār al-Madīna of Ibn Shabba (3/150), Kitāb al-Maʿrifa wa-l-Tārīkh of al-Fasawī (2/229)

ʿUmar's Final Moments and His Burial

On the third day after his stabbing,[1] ʿUmar was lying down with his head in ʿAbdullāh ibn ʿUmar's lap.[2] Death then touched ʿUmar,[3] so he said to ʿAbdullāh, "Place my cheek on the ground." ʿAbdullāh replied, "Are my thigh and the ground not the same?"[4] ʿUmar then passed out, and he subsequently woke up,[5] saying, "Woe to you! Place my cheek on the ground!"

As his cheek was pressed to the ground, he was heard saying, "Woe to me, and woe to my mother if Allah does not forgive me," and those were the final words he uttered prior to his death.[6] May Allah be pleased with him, and may He grant him an abode among the prophets, the sincere, the martyrs, and the upright in the highest ranks of Paradise.

The Commander of the Faithful, ʿUmar ibn al-Khaṭṭāb, was martyred at the age of 63.[7] He was murdered by an obstinate Zoroastrian laborer over a petty financial dispute. The wicked murderer, unwilling to come to terms with his reality and make use of an opportunity made available to him, sought to ruin it all for everyone else. Nonetheless, his

(1) Kitāb al-Miḥan of al-Qayrawānī (p. 66), al-Mustadrak ʿAlā al-Ṣaḥīḥayn of al-Ḥākim (5/274)

(2) Kitāb al-Ṭabaqāt al-Kabīr of Ibn Saʿd (3/334), Akhbār al-Madīna of Ibn Shabba (3/135), Muṣannaf Ibn Abī Shayba (20/600)

(3) Muṣannaf Ibn Abī Shayba (20/600)

(4) Kitāb al-Ṭabaqāt al-Kabīr of Ibn Saʿd (3/334), Akhbār al-Madīna of Ibn Shabba (3/135)

(5) Muṣannaf Ibn Abī Shayba (20/600)

(6) Kitāb al-Ṭabaqāt al-Kabīr of Ibn Saʿd (3/334), Akhbār al-Madīna of Ibn Shabba (3/135), Muṣannaf Ibn Abī Shayba (20/600)

(7) Ṣaḥīḥ Muslim (4/1825-1826), Kitāb al-Ṭabaqāt al-Kabīr of Ibn Saʿd (3/338)

crime ultimately was in vain. As stated earlier, not only did Abū Lu'lu'a's daughter accept Islam, but his own nephew, Abū al-Zinād ʿAbdullāh ibn Ḏakwān, would also proceed to become a leading Muslim scholar, worshiper, and jurist of Medīna.(1)

Following ʿUmar's death, his body was washed and shrouded,(2) and his corpse was then laid on a casket. People began visiting him and congregating around him before his funeral prayer. Ibn ʿAbbās recounted his experience at this event, saying, "I was standing amidst a group of people, and they supplicated for ʿUmar ibn al-Khaṭṭāb as he was laid on his casket."

There, Ibn ʿAbbās felt a man behind him rest his arm on his shoulders. That man behind Ibn ʿAbbās then addressed ʿUmar, saying, "Allah have mercy upon you! I used to hope that Allah would place you with your two companions. That is because I frequently used to hear the Messenger of Allah ﷺ say, 'I, Abū Bakr and ʿUmar were;' and 'I, Abū Bakr and ʿUmar did;' and 'I, Abū Bakr and ʿUmar departed.' I used to hope that Allah would place you with them both." Ibn ʿAbbās then turned around and realized that the man was none other than ʿAlī ibn Abī Ṭālib.(3)

ʿAlī then approached ʿUmar's shrouded corpse and said, "Allah bestow blessings upon you (*ṣallā Allāh ʿalayk*)! There is not a person with whose scroll of deeds I would like to meet Allah more than this shrouded one!"(4)

---

(1) Kitāb Mashāhīr ʿUlamāʾ al-ʾAmṣār of Ibn Ḥibbān (p. 163). Many scholars, such as Imām Mālik, studied under Abū al-Zinād and reported ḥadīth from him.

(2) Kitāb al-Ṭabaqāt al-Kabīr of Ibn Saʿd (3/339)

(3) Ṣaḥīḥ al-Bukhārī (3/1345)

(4) Kitāb al-Ṭabaqāt al-Kabīr of Ibn Saʿd (3/343), Kitāb al-Maʿrifa wa-l-Tārīkh of al-Fasawī (2/745). This tradition was reported by Jaʿfar al-Ṣādiq, from his father, Muḥammad al-Bāqir.

ʿUmar's company then set out with his corpse to the Prophet's Mosque for his funeral prayer,(1) and Ṣuhayb led the prayer that day.(2) After the prayer, ʿUmar's corpse was carried to ʿĀʾisha's quarter per ʿUmar's request. ʿAbdullāh ibn ʿUmar conveyed his greetings to the Mother of the Believers from outside, saying, "ʿUmar ibn al-Khaṭṭāb seeks permission to enter." ʿĀʾisha replied, "Bring him in." ʿUmar's corpse was thus brought inside, and he was laid beside his two companions.(3) May Allah's blessings shower them all.

ʿĀʾisha, the Mother of the Believers, would later recall her custom with the three graves inside her house, saying, "I used to enter my house where the Messenger of Allah ﷺ and my father were buried, and I would not cover myself. I would tell myself, 'It merely is my husband and my father.' However, when ʿUmar was buried with them, I only entered while I was covered out of shyness from ʿUmar."(4)

On the day ʿUmar was struck, Abū Ṭalḥa al-ʾAnṣārī said, "There is not a single urban or Bedouin Arabian household except that it had experienced diminishment with ʿUmar's murder."(5)

Similarly, Um Ayman, the Messenger of Allah's ﷺ nanny, said on the day ʿUmar was killed, "Today, Islam has weakened."(6)

---

(1) Kitāb al-Ṭabaqāt al-Kabīr of Ibn Saʿd (3/341)

(2) Tārīkh Abī Zurʿa al-Dimashqī (p. 37-38), Muṣannaf Ibn Abī Shayba (20/596)

(3) Ṣaḥīḥ al-Bukhārī (3/1356)

(4) Musnad Aḥmed ibn Ḥanbal (42/440-441)

(5) Kitāb al-Ṭabaqāt al-Kabīr of Ibn Saʿd (3/347)

(6) Al-Tārīkh al-ʾAwsaṭ of al-Bukhārī (1/478-479)

ʿUbaydullāh ibn ʿUmar's Vengeance

ʿUmar had a younger son named ʿUbaydullāh – not to be conflated with ʿAbdullāh ibn ʿUmar, ʿUmar's older son and eminent companion of the Prophet ﷺ.

On the Day ʿUmar was stabbed, ʿAbdurraḥmān ibn Abī Bakr recalled his encounter with Abū Luʾluʾa, al-Hurmuzān, and Jufayna days before ʿUmar's martyrdom when they dropped a two-pronged dagger. ʿAbdurraḥmān said, "Go and observe the weapon with which ʿUmar killed!" They thus observed it, and they found that the dagger matched ʿAbdurraḥmān ibn Abī Bakr's description.

Upon hearing this, ʿUbaydullāh ibn ʿUmar set out with his sword, and he first arrived to al-Hurmuzān. Al-Hurmuzān was an expert in horses, so ʿUbaydullāh said to him, "Come with me so that you may assess a mare of mine." ʿUbaydullāh let al-Hurmuzān walk in front of him, and he then struck him with his sword from behind. As al-Hurmuzān felt the blade slicing him, he yelled out, "There is no deity worthy of worship but Allah!"

Then, ʿUbaydullāh set out to Jufayna, a Christian from al-Ḥīra of southern Iraq. When ʿUbaydullāh struck him with the sword, Jufayna made the sign of the cross on his forehead. ʿUbaydullāh then set out and killed Abū Luʾluʾa's daughter, a young woman who professed Islam.

It appears as though ʿUbaydullāh had lost his mind amidst this rampage,(1) and he sought to slay every single slave in Medīna to avenge his father. The foremost Muhājirūn eventually coalesced and prevented him from doing so and warned him. ʿUbaydullāh approached with his sword drawn and said to them, "By Allah, I will kill them and others!" hinting at some men from the Muhājirīn.

---

(1) This clause is my characterization of ʿUbaydullāh's behavior based on my reading of the traditions involving this event.

They said to him, "Drop the sword!" And they were afraid of getting near him. ʿAmr ibn al-ʿĀṣ then approached and assuaged ʿUbaydullāh, saying, "My nephew, hand me the sword," and ʿUbaydullāh eventually handed it to him.

Saʿd ibn Abī Waqqāṣ then approached ʿUbaydullāh, and they scuffled until they were separated by the people. ʿUthmān then approached before becoming caliph, and he too scuffled with ʿUbaydullāh until they were eventually separated by the people. The masses were dismayed by ʿUbaydullāh's killing of Jufayna, al-Hurmuzān, and Abū Luʾluʾa's daughter.

When ʿUthmān became caliph shortly after that, he summoned the Muhājirīn and the Anṣār and said, "Give me counsel regarding the execution of this man who unseamed the faith with what he has done." The Muhājirūn unanimously supported ʿUthmān's decision to execute him. The masses, however, overwhelmingly sympathized with ʿUbaydullāh and said regarding Jufayna and al-Hurmuzān, "May Allah take them away! Perhaps you want to ensue ʿUmar's death with the death of his own son?!"(1)

Discord in this regard became rampant, so ʿAmr ibn al-ʿĀṣ said to ʿUthmān, "O Commander of the Faithful, this matter transpired before you had any authority over the people, so leave them." The people then dispersed after ʿAmr's address. ʿUthmān ultimately settled upon that opinion, and he had blood money paid for the two men and the young woman.(2)

---

(1) ʿUmar's widespread justice and benevolence as a ruler did not go unnoticed by the masses. Despite the gravity of ʿUbaydullāh's actions, the masses all sympathized with him and were greatly dismayed by the prospect of further losing a son of ʿUmar.

(2) Kitāb al-Ṭabaqāt al-Kabīr (3/329-330), Muṣannaf ʿAbdirrazzāq (5/110). Ibn Taymiyya elaborately explains the rationale behind ʿUthmān's final verdict in Minhāj al-Sunnah (6/276-290).

Closing Statement

Thus was the end of the Commander of the Faithful's reign, which lasted for around a decade. In it, the junior Muslim empire experienced exponential growth and expansion, and many of our Prophet's ﷺ promises and prophecies manifested. During his reign, Persia, the Levant and Egypt were all conquered and admitted into Islam.

When al-Shām was conquered, ʿUmar paid the region a visit. As he was near his destination, his troops observed him wearing his normal clothes and a turban as he led his camel across the water. They said to him, "O Commander of the Faithful, will you be met by the troops and patricians of al-Shām while in this state?!" ʿUmar replied, "We are a people whom Allah has honored by Islam, and we will not seek honor through anything else!"(1)

His reign witnessed the period when Islam reached its zenith in strength and power, and the state of Islam has persistently diminished since then. ʿUmar himself did not merely live up to the standards of a competent ruler, for he himself has become the standard for all those that followed!

The Prophet's ﷺ companion, Ḥudayfa ibn al-Yamān, said, "Islam during ʿUmar's reign was like an approaching man who kept getting closer. When he was killed, it was like a departing man who kept getting more distant."(2)

This marks the end of this chronicle of ʿUmar's martyrdom. The ensuing chronicle that I intend to write – *in shāʾa Allāh* – will be of his successor's martyrdom, an even more sorrowful and grotesque event for which many rivers of tears shall flow.

---

(1) Muṣannaf Ibn Abī Shayba (18/320)

(2) Kitāb al-Ṭabaqāt al-Kabīr (3/346), Muṣannaf Ibn Abī Shayba (17/72)

Appendix – Arabic Traditions

This appendix is a repository of the traditions cited in this book in their original form. I tried my best to keep them in a similar order to the book's narrative, but that is often untenable when the reports are kept in their original form and structure. As you will notice, I sometimes listed several different variants of the same account, as some variants occasionally include details and elements not found in others.

الأخبار المبشّرة لأمير المؤمنين بالشهادة وطلبُه إياها

1. قال البخاري في صحيحه: حَدَّثَنَا مُسَدَّدٌ، حَدَّثَنَا يَزِيدُ بْنُ زُرَيْعٍ، حَدَّثَنَا سَعِيدُ بْنُ أَبِي عَرُوبَةَ. ح وقَالَ لِي خَلِيفَةُ: حَدَّثَنَا مُحَمَّدُ بْنُ سَوَاءٍ، وَكَهْمَسُ بْنُ الْمِنْهَالِ، قَالَا: حَدَّثَنَا سَعِيدٌ، عَنْ قَتَادَةَ، عَنْ أَنَسِ بْنِ مَالِكٍ رَضِيَ اللَّهُ عَنْهُ، قَالَ: " صَعِدَ النَّبِيُّ ﷺ إِلَى أُحُدٍ وَمَعَهُ أَبُو بَكْرٍ، وَعُمَرُ، وَعُثْمَانُ فَرَجَفَ بِهِمْ، فَضَرَبَهُ بِرِجْلِهِ، قَالَ: " اثْبُتْ أُحُدُ فَمَا عَلَيْكَ إِلَّا نَبِيٌّ أَوْ صِدِّيقٌ أَوْ شَهِيدَانِ".

2. قال البخاري في صحيحه: حَدَّثَنَا أَبُو الْيَمَانِ، أَخْبَرَنَا شُعَيْبٌ، عَنِ الزُّهْرِيِّ، حَدَّثَنِي سَعِيدُ بْنُ الْمُسَيِّبِ، أَنَّ أَبَا هُرَيْرَةَ، قَالَ: سَمِعْتُ رَسُولَ اللَّهِ ﷺ يَقُولُ: " لَمْ يَبْقَ مِنَ النُّبُوَّةِ إِلَّا الْمُبَشِّرَاتُ، قَالُوا: وَمَا الْمُبَشِّرَاتُ؟، قَالَ: الرُّؤْيَا الصَّالِحَةُ".

3. وقال البخاري في صحيحه: حَدَّثَنَا مُحَمَّدُ بْنُ بَشَّارٍ، حَدَّثَنَا غُنْدَرٌ، حَدَّثَنَا شُعْبَةُ، عَنْ قَتَادَةَ، عَنْ أَنَسِ بْنِ مَالِكٍ، عَنْ عُبَادَةَ بْنِ الصَّامِتِ، عَنِ النَّبِيِّ ﷺ قَالَ: " رُؤْيَا الْمُؤْمِنِ جُزْءٌ مِنْ سِتَّةٍ وَأَرْبَعِينَ جُزْءًا مِنَ النُّبُوَّةِ".

4. وقال ابن سعد في «كتاب الطبقات الكبير»: أَخْبَرَنَا عَبْدُ اللَّهِ بْنُ جَعْفَرٍ الرَّقِّيُّ، قَالَ: أَخْبَرَنَا عُبَيْدُ اللَّهِ بْنُ عَمْرٍو، عَنْ عَبْدِ الْمَلِكِ بْنِ عُمَيْرٍ، عَنْ أَبِي بُرْدَةَ، عَنْ أَبِيهِ، قَالَ: رَأَى عَوْفُ بْنُ مَالِكٍ أَنَّ النَّاسَ جُمِعُوا فِي صَعِيدٍ وَاحِدٍ، فَإِذَا رَجُلٌ قَدْ عَلَا النَّاسَ بِثَلَاثَةِ أَذْرُعٍ، قُلْتُ: مَنْ هَذَا؟ قَالَ: عُمَرُ بْنُ الْخَطَّابِ، قُلْتُ: بِمَ

يَعْلُوهُمْ؟ قَالَ: إِنَّ فِيهِ ثَلاثُ خِصَالٍ: لا يَخَافُ فِي اللَّهِ لَوْمَةَ لائِمٍ، وَإِنَّهُ شَهِيدٌ مُسْتَشْهَدٌ، وَخَلِيفَةٌ مُسْتَخْلَفٌ، فَأَتَى عَوْفُ أَبَا بَكْرٍ فَحَدَّثَهُ، فَبَعَثَ إِلَى عُمَرَ فَبَشَّرَهُ، فَقَالَ أَبُو بَكْرٍ: قُصَّ رُؤْيَاكَ، قَالَ: فَلَمَّا قَالَ: خَلِيفَةٌ مُسْتَخْلَفٌ انْتَهَرَهُ عُمَرُ فَأَسْكَتَهُ، فَلَمَّا وَلِي عُمَرُ، انْطَلَقَ إِلَى الشَّامِ فَبَيْنَمَا هُوَ يَخْطُبُ إِذْ رَأَى عَوْفَ بْنَ مَالِكٍ، فَدَعَاهُ، فَصَعِدَ مَعَهُ الْمِنْبَرَ، فَقَالَ: " اقْصُصْ رُؤْيَاكَ، فَقَصَّهَا "، فَقَالَ: " أَمَّا أَلا أَخَافُ فِي اللَّهِ لَوْمَةَ لائِمٍ فَأَرْجُو أَنْ يَجْعَلَنِي اللَّهُ فِيهِمْ، وَأَمَّا خَلِيفَةٌ مُسْتَخْلَفٌ فَقَدِ اسْتُخْلِفْتُ فَأَسْأَلُ اللَّهَ أَنْ يُعِينَنِي عَلَى مَا وَلانِي، وَأَمَّا شَهِيدٌ مُسْتَشْهَدٌ فَأَنَّى لِيَ الشَّهَادَةُ وَأَنَا بَيْنَ ظَهْرَانَيْ جَزِيرَةِ الْعَرَبِ لَسْتُ أَغْزُو النَّاسَ حَوْلِي؟ "، ثُمَّ قَالَ: " وَيْلِي وَيْلِي، يَأْتِي بِهَا اللَّهُ إِنْ شَاءَ اللَّهُ. "

5. قال البخاري في صحيحه: حَدَّثَنَا يَحْيَى بْنُ بُكَيْرٍ، حَدَّثَنَا اللَّيْثُ، عَنْ خَالِدِ بْنِ يَزِيدَ، عَنْ سَعِيدِ بْنِ أَبِي هِلَالٍ، عَنْ زَيْدِ بْنِ أَسْلَمَ، عَنْ أَبِيهِ، عَنْ عُمَرَ رَضِيَ اللَّهُ عَنْهُ، قَالَ: " اللَّهُمَّ ارْزُقْنِي شَهَادَةً فِي سَبِيلِكَ، وَاجْعَلْ مَوْتِي فِي بَلَدِ رَسُولِكَ."

6. وقال ابن سعد في «كتاب الطبقات الكبير»: أَخْبَرَنَا مُحَمَّدُ بْنُ إِسْمَاعِيلَ بْنِ أَبِي فُدَيْكٍ، عَنْ هِشَامِ بْنِ سَعْدٍ، عَنْ زَيْدِ بْنِ أَسْلَمَ، عَنْ أَبِيهِ، عَنْ حَفْصَةَ، زَوْجِ النَّبِيِّ ﷺ أَنَّهَا سَمِعَتْ أَبَاهَا، يَقُولُ: " اللَّهُمَّ ارْزُقْنِي قَتْلا فِي سَبِيلِكَ، وَوَفَاةً فِي بَلَدِ نَبِيِّكَ "، قَالَتْ: قُلْتُ: وَأَنَّى ذَلِكَ؟ قَالَ: إِنَّ اللَّهَ يَأْتِي بِأَمْرِهِ أَنَّى شَاءَ.

7. وقال ابن سعد في «كتاب الطبقات الكبير»: أَخبَرنا الفَضلُ بن دُكَينٍ، قالَ: أَخبَرنا عَمرو بن عَبد الله، عَن مُهاجِرٍ أَبِي الحَسَنِ، عَن عَمرِو بن مَيمونٍ، عَن عُمَر بن الخَطّابِ: أَنَّهُ كانَ يَقول في دُعائِهِ الَّذي يَدعو بِه: اللّٰهُمَّ تَوَفَّني مَعَ الأَبرارِ، ولاَ تُخَلِّفُني في الأَشرارِ، وقِني عَذابَ النّارِ، وأَلحِقني بِالأَخيارِ.

8. قال الحافظ في «المطالب العالية»: [قال إسحاق]: أخبرنا عِيسَى بْنُ يُونُسَ، ثنا مَالِكُ بْنُ أَنَسٍ، عَنْ زَيْدِ بْنِ أَسْلَمَ، عَنْ أَبِيهِ، عَنْ عمر بن الخطاب رضي الله عنه أَنَّهُ كَانَ يَقُولُ: اللّٰهُمَّ لَا تَجْعَلْ قَتْلِي بِيَدِ رَجُلٍ صلَّى لَكَ سَجْدَةً.

طرفٌ من سِيَرِ أمير المؤمنين عليه السلام

9. قال الطبري في تاريخه: وَحَدَّثَنِي أَحْمَدُ بْنُ حَرْبٍ، قَالَ: حَدَّثَنَا مُصْعَبُ بْنُ عَبْدِ اللَّهِ الزُّبَيْرِيُّ، قَالَ: حَدَّثَنِي أَبِي، عَنْ رَبِيعَةَ بْنِ عُثْمَانَ، عَنْ زَيْدِ بْنِ أَسْلَمَ، عَنْ أَبِيهِ، قَالَ: " خَرَجْتُ مَعَ عُمَرَ بْنِ الْخَطَّابِ رَحِمَهُ اللَّهُ إِلَى حَرَّةِ وَاقِمٍ، حَتَّى إِذَا كُنَّا بِصِرَارٍ، إِذَا نَارٌ تُؤَرَّثُ. فَقَالَ: يَا أَسْلَمُ إِنِّي أَرَى هَؤُلاءِ رُكْبًا، قَصَرَ بِهِمُ اللَّيْلُ وَالْبَرْدُ، انْطَلِقْ بِنَا.

فَخَرَجْنَا نُهَرْوِلُ حَتَّى دَنَوْنَا مِنْهُمْ، فَإِذَا امْرَأَةٌ مَعَهَا صِبْيَانٌ لَهَا وَقِدْرٌ مَنْصُوبَةٌ عَلَى النَّارِ، وَصِبْيَانُهَا يَتَضَاغَوْنَ. فَقَالَ عُمَرُ: السَّلامُ عَلَيْكُمْ يَا أَصْحَابَ الضَّوْءِ، وَكَرِهَ أَنْ يَقُولَ: يَا أَصْحَابَ النَّارِ. قَالَتْ: وَعَلَيْكَ السَّلامُ. قَالَ: أَأَدْنُو؟ قَالَتِ: ادْنُ بِخَيْرٍ أَوْ دَعْ، فَدَنَا. فَقَالَ: مَا بَالُكُمْ؟ قَالَتْ: قَصَرَ بِنَا اللَّيْلُ وَالْبَرْدُ. قَالَ: فَمَا بَالُ هَؤُلاءِ الصِّبْيَةِ يَتَضَاغَوْنَ؟ قَالَتِ: الْجُوعُ. قَالَ: وَأَيُّ شَيْءٍ فِي هَذِهِ الْقِدْرِ؟ قَالَتْ: مَاءٌ أُسْكِتُهُمْ بِهِ حَتَّى يَنَامُوا، اللَّهُ بَيْنَنَا وَبَيْنَ عُمَرَ. قَالَ: أَيْ رَحِمَكِ اللَّهُ، مَا يُدْرِي عُمَرَ بِكُمْ. قَالَتْ: يَتَوَلَّى أَمْرَنَا وَيَغْفُلُ عَنَّا، فَأَقْبَلَ عَلَيَّ.

فَقَالَ: انْطَلِقْ بِنَا، فَخَرَجْنَا نُهَرْوِلُ حَتَّى أَتَيْنَا دَارَ الدَّقِيقِ، فَأَخْرَجَ عِدْلا فِيهِ كُبَّةُ شَحْمٍ. فَقَالَ: احْمِلْهُ عَلَيَّ، أَنَا أَحْمِلُهُ عَنْكَ. قَالَ: احْمِلْهُ عَلَيَّ، مَرَّتَيْنِ أَوْ ثَلاثًا، كُلُّ ذَلِكَ. أَقُولُ أَنَا أَحْمِلُهُ عَنْكَ. فَقَالَ لِي فِي آخِرِ ذَلِكَ: أَنْتَ تَحْمِلُ عَنِّي وِزْرِي يَوْمَ الْقِيَامَةِ، لا أُمَّ لَكَ؟!

فَحَمَلْتُهُ عَلَيْهِ فَانْطَلَقَ وَانْطَلَقْتُ مَعَهُ نُهَرْوِلُ، حَتَّى انْتَهَيْنَا إِلَيْهَا، فَأَلْقَى ذَلِكَ عِنْدَهَا وَأَخْرَجَ مِنَ الدَّقِيقِ شَيْئًا. فَجَعَلَ يَقُولُ لَهَا: ذُرِّي عَلَيَّ وَأَنَا أُحَرِّكُ لَكِ، وَجَعَلَ يَنْفُخُ تَحْتَ الْقِدْرِ، وَكَانَ ذَا لِحْيَةٍ عَظِيمَةٍ، فَجَعَلْتُ أَنْظُرُ إِلَى الدُّخَانِ مِنْ خِلَلِ لِحْيَتِهِ، حَتَّى أَنْضَجَ وَأَدِمَ الْقِدْرُ، ثُمَّ أَنْزَلَهَا، وَقَالَ: ابْغِنِي شَيْئًا، فَأَتَتْهُ بِصَحْفَةٍ فَأَفْرَغَهَا فِيهَا، ثُمَّ جَعَلَ يَقُولُ: أَطْعِمِيهِمْ، وَأَنَا أَسْطَحُ لَكِ، فَلَمْ يَزَلْ حَتَّى شَبِعُوا، ثُمَّ خَلَّى عِنْدَهَا فَضْلَ ذَلِكَ، وَقَامَ وَقُمْتُ مَعَهُ، فَجَعَلَتْ تَقُولُ: جَزَاكَ اللَّهُ خَيْرًا،

أَنْتَ أَوْلَى بِهَذَا الأَمْرِ مِنْ أَمِيرِ الْمُؤْمِنِينَ، فَيَقُولُ: قُولِي خَيْرًا، إِنَّكِ إِذَا جِئْتِ أَمِيرَ الْمُؤْمِنِينَ وَجَدْتِنِي هُنَاكَ إِنْ شَاءَ اللَّهُ.

ثُمَّ تَنَحَّى نَاحِيَةً عَنْهَا، ثُمَّ اسْتَقْبَلَهَا وَرَبَضَ مَرْبَضَ السَّبُعِ. فَجَعَلْتُ أَقُولُ لَهُ: إِنَّ لَكَ شَأْنًا غَيْرَ هَذَا، وَهُوَ لا يُكَلِّمُنِي حَتَّى رَأَيْتُ الصِّبْيَةَ يَصْطَرِعُونَ وَيَضْحَكُونَ، ثُمَّ نَامُوا وَهَدَءُوا، فَقَامَ وَهُوَ يَحْمَدُ اللَّهَ، ثُمَّ أَقْبَلَ عَلَيَّ، فَقَالَ: يَا أَسْلَمُ إِنَّ الْجُوعَ أَسْهَرَهُمْ وَأَبْكَاهُمْ، فَأَحْبَبْتُ أَلا أَنْصَرِفَ حَتَّى أَرَى مَا رَأَيْتُ مِنْهُمْ.

10. قال ابن سعد في كتاب «الطبقات الكبير»: أَخْبَرَنَا الْمُعَلَّى بْنُ أَسَدٍ، قَالَ: أَخْبَرَنَا وُهَيْبُ بْنُ خَالِدٍ، عَنْ يَحْيَى بْنِ سَعِيدٍ، عَنْ سَالِمِ بْنِ عَبْدِ اللَّهِ، أَنَّ عُمَرَ بْنَ الْخَطَّابِ كَانَ يُدْخِلُ يَدَهُ فِي دَبَرَةِ الْبَعِيرِ وَيَقُولُ: " إِنِّي لَخَائِفٌ أَنْ أُسْأَلَ عَمَّا بِكَ."

11. وقال البخاري في صحيحه: حَدَّثَنَا إِسْمَاعِيلُ بْنُ عَبْدِ اللَّهِ، قَالَ: حَدَّثَنِي مَالِكٌ، عَنْ زَيْدِ بْنِ أَسْلَمَ، عَنْ أَبِيهِ، قَالَ: " خَرَجْتُ مَعَ عُمَرَ بْنِ الْخَطَّابِ رَضِيَ اللَّهُ عَنْهُ إِلَى السُّوقِ، فَلَحِقَتْ عُمَرَ امْرَأَةٌ شَابَّةٌ، فَقَالَتْ: يَا أَمِيرَ الْمُؤْمِنِينَ هَلَكَ زَوْجِي وَتَرَكَ صِبْيَةً صِغَارًا وَاللَّهِ مَا يُنْضِجُونَ كُرَاعًا، وَلَا لَهُمْ زَرْعٌ وَلَا ضَرْعٌ وَخَشِيتُ أَنْ تَأْكُلَهُمُ الضَّبُعُ وَأَنَا بِنْتُ خُفَافِ بْنِ إِيمَاءَ الْغِفَارِيِّ وَقَدْ شَهِدَ أَبِي الْحُدَيْبِيَةَ مَعَ النَّبِيِّ ﷺ فَوَقَفَ مَعَهَا عُمَرُ وَلَمْ يَمْضِ ثُمَّ قَالَ: مَرْحَبًا بِنَسَبٍ قَرِيبٍ، ثُمَّ انْصَرَفَ إِلَى بَعِيرٍ ظَهِيرٍ كَانَ مَرْبُوطًا فِي الدَّارِ، فَحَمَلَ عَلَيْهِ غِرَارَتَيْنِ مَلَأَهُمَا طَعَامًا، وَحَمَلَ بَيْنَهُمَا نَفَقَةً وَثِيَابًا، ثُمَّ نَاوَلَهَا بِخِطَامِهِ، ثُمَّ قَالَ: اقْتَادِيهِ فَلَنْ يَفْنَى حَتَّى يَأْتِيَكُمُ اللَّهُ بِخَيْرٍ، فَقَالَ رَجُلٌ: يَا أَمِيرَ الْمُؤْمِنِينَ أَكْثَرْتَ لَهَا، قَالَ عُمَرُ: ثَكِلَتْكَ أُمُّكَ، وَاللَّهِ إِنِّي لَأَرَى أَبَا هَذِهِ وَأَخَاهَا قَدْ حَاصَرَا حِصْنًا زَمَانًا، فَافْتَتَحَاهُ ثُمَّ أَصْبَحْنَا نَسْتَفِيءُ سُهْمَانَهُمَا فِيهِ."

12. روى مَالِكٌ في «الموطأ»، عَنْ إِسْحَاقَ بْنِ عَبْدِ اللهِ بْنِ أَبِي طَلْحَةَ، عَنْ أَنَسِ بْنِ مَالِكٍ قَالَ: سَمِعْتُ عُمَرَ بْنَ الْخَطَّابِ، وَخَرَجْتُ مَعَهُ، حَتَّى دَخَلَ حَائِطًا، فَسَمِعْتُهُ وَهُوَ يَقُولُ: وَبَيْنِي وَبَيْنَهُ جِدَارٌ وَهُوَ فِي جَوْفِ الْحَائِطِ: عُمَرُ بْنُ الْخَطَّابِ أَمِيرُ الْمُؤْمِنِينَ، بَخٍ بَخٍ، وَاللَّهِ يَابْنَ الْخَطَّابِ، لَتَتَّقِيَنَّ اللهَ أَوْ لَيُعَذِّبَنَّكَ!

13.وروى مالك في «الموطّأ»، عَنْ نَافِعٍ مَوْلَى عَبْدِ اللَّهِ بْنِ عُمَرَ، أَنَّ عُمَرَ بْنَ الْخَطَّابِ، كَتَبَ إِلَى عُمَّالِهِ: " إِنَّ أَهَمَّ أَمْرِكُمْ عِنْدِي الصَّلَاةُ، فَمَنْ حَفِظَهَا وَحَافَظَ عَلَيْهَا، حَفِظَ دِينَهُ، وَمَنْ ضَيَّعَهَا فَهُوَ لِمَا سِوَاهَا أَضْيَعُ. ثُمَّ كَتَبَ: أَنْ صَلُّوا الظُّهْرَ، إِذَا كَانَ الْفَيْءُ ذِرَاعًا إِلَى أَنْ يَكُونَ ظِلُّ أَحَدِكُمْ مِثْلَهُ، وَالْعَصْرَ وَالشَّمْسُ مُرْتَفِعَةٌ بَيْضَاءُ نَقِيَّةٌ قَدْرَ مَا يَسِيرُ الرَّاكِبُ فَرْسَخَيْنِ أَوْ ثَلَاثَةً قَبْلَ غُرُوبِ الشَّمْسِ، وَالْمَغْرِبَ إِذَا غَرَبَتِ الشَّمْسُ، وَالْعِشَاءَ إِذَا غَابَ الشَّفَقُ إِلَى ثُلُثِ اللَّيْلِ، فَمَنْ نَامَ فَلَا نَامَتْ عَيْنُهُ، فَمَنْ نَامَ فَلَا نَامَتْ عَيْنُهُ، فَمَنْ نَامَ فَلَا نَامَتْ عَيْنُهُ، وَالصُّبْحَ وَالنُّجُومُ بَادِيَةٌ مُشْتَبِكَةٌ."

- قال ابن عبد البار في كتاب «الاستذكار»: ورواه عبيد الله بن عمر، عن نافع، عن صفية بنت أبي عبيد، أن عمر بن الخطاب كتب إلى عماله، فذكر مثله بمعناه.

- وقال ابن أبي الدنيا في «كتاب التهجد وقيام الليل»: حدثنا عبيد الله بن عمر الجشمي ، حدثنا حماد بن زيد ، حدثنا هشام بن عروة، قال : قال عمر : إذا رأيتم الرجل يضيع الصلاة فهو والله لغيرها من حق الله أشد تضييعا.

14.قال أبو نعيم في «حلية الأولياء»: حَدَّثَنَا عَبْدُ اللهِ بْنُ مُحَمَّدٍ، ثَنَا مُحَمَّدُ بْنُ شِبْلٍ، ثَنَا عَبْدُ اللهِ بْنُ مُحَمَّدٍ الْعَبْسِيُّ، ثَنَا عَبْدُ اللهِ بْنُ إِدْرِيسَ، عَنْ إِسْمَاعِيلَ بْنِ أَبِي خَالِدٍ، عَنْ سَعِيدِ بْنِ أَبِي بُرْدَةَ، قَالَ: كَتَبَ عُمَرُ إِلَى أَبِي مُوسَى الْأَشْعَرِيِّ رَضِيَ اللهُ تَعَالَى عَنْهُمَا: «أَمَّا بَعْدُ، فَإِنَّ أَسْعَدَ الرُّعَاةِ مَنْ سَعِدَتْ بِهِ رَعِيَّتُهُ، وَإِنَّ أَشْقَى الرُّعَاةِ عِنْدَ اللهِ عَزَّ وَجَلَّ مَنْ شَقِيَتْ بِهِ رَعِيَّتُهُ، وَإِيَّاكَ أَنْ تَرْتَعَ فَيَرْتَعَ عُمَّالُكَ، فَيَكُونُ مِثْلُكَ عِنْدَ اللهِ عَزَّ وَجَلَّ مِثْلَ الْبَهِيمَةِ؛ نَظَرَتْ إِلَى خَضِرَةٍ مِنَ الْأَرْضِ فَرَعَتْ فِيهَا تَبْتَغِي بِذَلِكَ السِّمَنَ، وَإِنَّمَا حَتْفُهَا فِي سِمَنِهَا، وَالسَّلَامُ عَلَيْكَ».

15.قال الحاكم في «المستدرك»: أَخْبَرَنَا أَبُو الْعَبَّاسِ السَّيَّارِيُّ بِمَرْوَ، أَنْبَأَ أَبُو الْمُوَجِّهِ، أَنْبَأَ عَبْدَانُ، أَنْبَأَ عَبْدُ اللهِ، أَنْبَأَ سَعِيدُ بْنُ إِيَاسٍ الْجُرَيْرِيُّ، عَنْ أَبِي نَضْرَةَ، عَنْ

أَبِي فِرَاسٍ، قَالَ: قَالَ عُمَرُ بْنُ الْخَطَّابِ رَضِيَ اللَّهُ عَنْهُ: " أَلا أَيُّهَا النَّاسُ، إِنَّا كُنَّا نَعْرِفُكُمْ إِذْ فِينَا رَسُولُ اللَّهِ ﷺ، وَإِذْ يَنْزِلُ الْوَحْيُ، وَإِذْ بَيْنَنَا مِنْ أَخْبَارِكُمْ، أَلا وَإِنَّ النَّبِيَّ ﷺ قَدِ انْطَلَقَ، وَرُفِعَ الْوَحْيُ، وَإِنَّمَا نَعْرِفُكُمْ بِمَا أَقُولُ لَكُمْ، أَلا وَمَنْ يُظْهِرُ مِنْكُمْ خَيْرًا، ظَنَنَّا بِهِ خَيْرًا، وَأَحْبَبْنَاهُ عَلَيْهِ، وَمَنْ يُظْهِرُ مِنْكُمْ شَرًّا، ظَنَنَّا بِهِ شَرًّا، وَأَبْغَضْنَاهُ عَلَيْهِ سَرَائِرُكُمْ، فِيمَا بَيْنَكُمْ وَبَيْنَ رَبِّكُمْ.

أَلا وَقَدْ أَتَى عَلَيَّ زَمَانٌ، وَأَنَا أَحْسَبُ مَنْ قَرَأَ الْقُرْآنَ يُرِيدُ بِهِ اللَّهَ تَعَالَى، وَمَا عِنْدَهُ، وَلَقَدْ خُيِّلَ إِلَيَّ بِآخِرِهِ، أَنَّ قَوْمًا يَقْرَأُونَهُ يُرِيدُونَ مَا عِنْدَ النَّاسِ، أَلا فَأَرِيدُوا مَا عِنْدَ اللَّهِ بِقِرَاءَتِكُمْ وَبِعَمَلِكُمْ.

أَلا وَإِنِّي وَاللَّهِ مَا أَبْعَثُ عُمَّالِي لِيَضْرِبُوا أَبْشَارَكُمْ، وَيَأْخُذُوا أَمْوَالَكُمْ، وَلَكِنِّي أَبْعَثُهُمْ لِيُعَلِّمُوكُمْ دِينَكُمْ، وَسُنَنَكُمْ، وَيَعْدِلُوا بَيْنَكُمْ، وَيَقْسِمُوا فِيكُمْ فَيْئَكُمْ، أَلا مَنْ فُعِلَ بِهِ شَيْءٌ مِنْ ذَلِكَ، فَلْيُرَافِعْهُ إِلَيَّ، وَالَّذِي نَفْسُ عُمَرَ بِيَدِهِ، لأُقِصَّهُ مِنْهُ.

فَوَثَبَ عَمْرُو بْنُ الْعَاصِ رَضِيَ اللَّهُ عَنْهُ، فَقَالَ: يَا أَمِيرَ الْمُؤْمِنِينَ، أَرَأَيْتَ لَوْ أَنَّ رَجُلا مِنَ الْمُسْلِمِينَ كَانَ عَلَى رَعِيَّةٍ، فَأَدَّبَ بَعْضَ رَعِيَّتِهِ، إِنَّكَ لَمُقِصُّهُ مِنْهُ؟ قَالَ: وَمَا لِي لا أُقِصُّهُ وَقَدْ رَأَيْتُ رَسُولَ اللَّهِ ﷺ يَقُصُّ مِنْ نَفْسِهِ، أَلا لا تَضْرِبُوهُمْ، فَتُذِلُّوهُمْ، وَلا تَمْنَعُوهُمْ حَقَّهُمْ، فَتُكَفِّرُوهُمْ، وَلا تُجَمِّرُوهُمْ، فَتَفْتِنُوهُمْ، وَلا تُنْزِلُوهُمُ الْغِيَاضَ، فَتُضَيِّعُوهُمْ ".

قال الحاكم: هَذَا حَدِيثٌ صَحِيحٌ عَلَى شَرْطِ مُسْلِمٍ، وَلَمْ يُخَرِّجَاهُ.

16. وقال أبو نعيم في «حلية الأولياء»: حَدَّثَنَا أَبُو حَامِدِ بْنُ جَبَلَةَ، ثَنَا مُحَمَّدُ بْنُ إِسْحَاقَ، ثَنَا مُحَمَّدُ بْنُ الصَّبَّاحِ، ثَنَا سُفْيَانُ، عَنْ مِسْعَرٍ، عَنْ أَبِي صَخْرَةَ جَامِعِ بْنِ شَدَّادٍ، عَنِ الأَسْوَدِ بْنِ هِلالٍ الْمُحَارِبِيِّ، قَالَ: لَمَّا وَلِيَ عُمَرُ بْنُ الْخَطَّابِ قَامَ عَلَى الْمِنْبَرِ فَحَمِدَ اللهَ وَأَثْنَى عَلَيْهِ، ثُمَّ قَالَ: أَيُّهَا النَّاسُ أَلا إِنِّي دَاعٍ فَهَيْمِنُوا اللهُمَّ إِنِّي غَلِيظٌ فَلَيِّنِّي، وَشَحِيحٌ فَسَخِّنِي، وَضَعِيفٌ فَقَوِّنِي."

17.وقال الطبري في تاريخه: وَحَدَّثَنَا ابْنُ بَشَّارٍ، قَالَ: حَدَّثَنَا عَبْدُ الرَّحْمَنِ بْنُ مَهْدِيٍّ، قَالَ: حَدَّثَنَا مَنْصُورُ بْنُ أَبِي الْأَسْوَدِ، عَنِ الْأَعْمَشِ، عَنْ إِبْرَاهِيمَ، عَنِ الْأَسْوَدِ بْنِ يَزِيدَ، قَالَ: كَانَ الْوَفْدُ إِذَا قَدِمُوا عَلَى عُمَرَ رَضِيَ اللَّهُ عَنْهُ سَأَلَهُمْ عَنْ أَمِيرِهِمْ، فَيَقُولُونَ خَيْرًا، فَيَقُولُ: هَلْ يَعُودُ مَرْضَاكُمْ؟ فَيَقُولُونَ: نَعَمْ، فَيَقُولُ: هَلْ يَعُودُ الْعَبْدَ؟ فَيَقُولُونَ: نَعَمْ، فَيَقُولُ: كَيْفَ صَنِيعُهُ بِالضَّعِيفِ، هَلْ يَجْلِسُ عَلَى بَابِهِ؟ فَإِنْ قَالُوا لِخِصْلَةٍ مِنْهَا: لَا، عَزَلَهُ.

18.قال البخاري في «الأدب المفرد»: حَدَّثَنَا أَبُو النُّعْمَانِ، قَالَ: حَدَّثَنَا حَمَّادُ بْنُ زَيْدٍ، عَنْ عَاصِمٍ، عَنْ أَبِي عُثْمَانَ، أَنَّ عُمَرَ رَضِيَ اللَّهُ عَنْهُ اسْتَعْمَلَ رَجُلًا، فَقَالَ الْعَامِلُ: إِنَّ لِي كَذَا وَكَذَا مِنَ الْوَلَدِ، مَا قَبَّلْتُ وَاحِدًا مِنْهُمْ، فَزَعَمَ عُمَرُ، أَوْ، قَالَ عُمَرُ: " إِنَّ اللَّهَ لَا يَرْحَمُ مِنْ عِبَادِهِ إِلَّا أَبَرَّهُمْ."

• قال البلاذري في «أنساب الأشراف»: وَحَدَّثَنِي أَبُو بَكْرٍ الْأَعْيَنُ، ثنا رَوْحُ بْنُ عُبَادَةَ، عَنْ شُعْبَةَ، عَنْ عَاصِمٍ الْأَحْوَلِ، عَنْ أَبِي عُثْمَانَ النَّهْدِيِّ، عَنِ ابْنِ الْمُنْتَفِقِ، أَنَّهُ رَأَى عُمَرَ بْنَ الْخَطَّابِ يُقَبِّلُ ابْنَهُ، فَقَالَ: " أَتُقَبِّلُ ابْنَكَ وَأَنْتَ خَلِيفَةٌ، وَاللَّهِ لَوْ كُنْتُ مِثْلَكَ مَا قَبَّلْتُ ابْنًا لِي أَبَدًا. فَقَالَ عُمَرُ: وَمَا ذَنْبِي إِنْ كَانَ اللَّهُ قَدْ نَزَعَ الرَّحْمَةَ مِنْكَ، إِنَّمَا يَرْحَمُ اللَّهُ مِنْ عِبَادِهِ الرُّحَمَاءَ."

• قال هناد بن السري في «كتاب الزهد»: حَدَّثَنَا أَبُو مُعَاوِيَةَ، عَنْ عَاصِمٍ الْأَحْوَلِ، عَنْ أَبِي عُثْمَانَ، قَالَ: اسْتَعْمَلَ عُمَرُ رَضِيَ اللَّهُ عَنْهُ رَجُلًا مِنْ بَنِي أَسَدٍ عَلَى عَمَلٍ فَدَخَلَ لِيُسَلِّمَ عَلَيْهِ فَأَتَى عُمَرُ بِبَعْضِ وَلَدِهِ، فَقَبَّلَهُ فَقَالَ لَهُ الْأَسَدِيُّ: أَتُقَبِّلُ هَذَا يَا أَمِيرَ الْمُؤْمِنِينَ؟ فَوَاللَّهِ مَا قَبَّلْتُ وَلَدًا لِي قَطُّ، فَقَالَ عُمَرُ رَضِيَ اللَّهُ عَنْهُ: " فَأَنْتَ وَاللَّهِ بِالنَّاسِ أَقَلُّ رَحْمَةٍ، لَا تَعْمَلْ لِي عَمَلًا أَبَدًا "، فَرَدَّ عَهْدَهُ.

19.وروى مالك في «الموطأ»، عَنْ يَحْيَى بْنِ سَعِيدٍ، عَنْ مُحَمَّدِ بْنِ يَحْيَى بْنِ حَبَّانَ، عَنِ الْقَاسِمِ بْنِ مُحَمَّدٍ، عَنْ عَائِشَةَ زَوْجِ النَّبِيِّ ﷺ، أَنَّهَا قَالَتْ: مُرَّ عَلَى عُمَرَ بْنِ

الْخَطَّابِ بِغَنَمٍ مِنَ الصَّدَقَةِ. فَرَأَى فِيهَا شَاةً حَافِلًا ذَاتَ ضَرْعٍ عَظِيمٍ. فَقَالَ عُمَرُ: مَا هَذِهِ الشَّاةُ؟ فَقَالُوا: شَاةٌ مِنَ الصَّدَقَةِ، فَقَالَ عُمَرُ: مَا أَعْطَى هَذِهِ أَهْلُهَا وَهُمْ طَائِعُونَ، لَا تَفْتِنُوا النَّاسَ! لَا تَأْخُذُوا حَزَرَاتِ الْمُسْلِمِينَ! نَكِّبُوا عَنِ الطَّعَامِ!

20.وروى مالك في «الموطأ»، عَنْ زَيْدِ بْنِ أَسْلَمَ، أَنَّهُ قَالَ: شَرِبَ عُمَرُ بْنُ الْخَطَّابِ لَبَنًا، فَأَعْجَبَهُ، فَسَأَلَ الَّذِي سَقَاهُ، مِنْ أَيْنَ هَذَا اللَّبَنُ؟ فَأَخْبَرَهُ أَنَّهُ وَرَدَ عَلَى مَاءٍ، قَدْ سَمَّاهُ، فَإِذَا نَعَمٌ مِنْ نَعَمِ الصَّدَقَةِ وَهُمْ يَسْقُونَ، فَحَلَبُوا لِي مِنْ أَلْبَانِهَا، فَجَعَلْتُهُ فِي سِقَائِي، فَهُوَ هَذَا، فَأَدْخَلَ عُمَرُ بْنُ الْخَطَّابِ يَدَهُ فَاسْتَقَاءَهُ.

21.قال ابن سعد في «كتاب الطبقات الكبير»: أَخبَرنا عَبدُ المَلِك بن عَمرٍو أَبو عامِرٍ، قالَ: أَخبَرنا عيسَى بن حَفصٍ, قالَ: حَدثَني رَجُلٌ مِن بَني سَلِمَةَ، عَن ابنٍ لِلبَراء بن مَعرورٍ: أَنَّ عُمَر خَرَجَ يومًا حَتى أَتَى المِنبَرَ, وقَد كانَ اشتَكَى شَكوَى لَهُ فَنُعِتَ لَهُ العَسَلُ، وفي بَيت المال عُكَّةٌ، فَقالَ: إِن أَذِنتُم لي فيها أَخذتُها، وإِلاَّ فَإِنَّها عَلَيَّ حَرامٌ، فَأَذِنوا لَهُ فيها.

22.وروى مالك في «الموطأ»: مَالِكٍ، عَنْ زَيْدِ بْنِ أَسْلَمَ، عَنْ أَبِيهِ، أَنَّهُ قَالَ لِعُمَرَ بْنِ الْخَطَّابِ: إِنَّ فِي الظَّهْرِ نَاقَةً عَمْيَاءَ، فَقَالَ عُمَرُ: ادْفَعْهَا إِلَى أَهْلِ بَيْتٍ يَنْتَفِعُونَ بِهَا، قَالَ: فَقُلْتُ: وَهِيَ عَمْيَاءُ؟ فَقَالَ عُمَرُ: يَقْطُرُونَهَا بِالإِبِلِ، قَالَ: فَقُلْتُ: كَيْفَ تَأْكُلُ مِنَ الأَرْضِ؟ قَالَ: فَقَالَ عُمَرُ: أَمِنْ نَعَمِ الْجِزْيَةِ هِيَ، أَمْ مِنْ نَعَمِ الصَّدَقَةِ؟ فَقُلْتُ: بَلْ مِنْ نَعَمِ الْجِزْيَةِ، فَقَالَ عُمَرُ: أَرَدْتُمْ، وَاللَّهِ، أَكْلَهَا، فَقُلْتُ: إِنَّ عَلَيْهَا وَسْمَ نَعَمِ الْجِزْيَةِ، فَأَمَرَ بِهَا عُمَرُ، فَنُحِرَتْ.

وَكَانَ عِنْدَهُ صِحَافٌ تِسْعٌ، فَلاَ تَكُونُ فَاكِهَةٌ وَلاَ طُرَيْفَةٌ، إِلاَّ جَعَلَ مِنْهَا فِي تِلْكَ الصِّحَافِ، فَبَعَثَ بِهَا إِلَى أَزْوَاجِ النَّبِيِّ ﷺ، وَيَكُونُ الَّذِي يَبْعَثُ بِهِ إِلَى حَفْصَةَ ابْنَتِهِ، مِنْ آخِرِ ذَلِكَ، فَإِنْ كَانَ فِيهِ نُقْصَانٌ، كَانَ فِي حَظِّ حَفْصَةَ، قَالَ: فَجَعَلَ فِي تِلْكَ الصِّحَافِ مِنْ لَحْمِ تِلْكَ الْجَزُورِ، فَبَعَثَ بِهِ إِلَى أَزْوَاجِ النَّبِيِّ ﷺ، وَأَمَرَ بِمَا بَقِيَ مِنْ لَحْمِ تِلْكَ الْجَزُورِ، فَصُنِعَ، فَدَعَا عَلَيْهِ الْمُهَاجِرِينَ وَالأَنْصَارَ.

23.وقال ابن سعد في كتاب «الطبقات الكبير»: أَخْبَرَنَا يَزِيدُ بْنُ هَارُونَ، وَأَبُو أُسَامَةَ حَمَّادُ بْنُ أُسَامَةَ، قَالا: أَخْبَرَنَا إِسْمَاعِيلُ بْنُ أَبِي خَالِدٍ، عَنْ مُصْعَبِ بْنِ سَعْدٍ، قَالَ: قَالَتْ حَفْصَةُ بِنْتُ عُمَرَ لأَبِيهَا: قَالَ يَزِيدُ: يَا أَمِيرَ الْمُؤْمِنِينَ، وَقَالَ أَبُو أُسَامَةَ: يَا أَبَتِ، إِنَّهُ قَدْ أَوْسَعَ اللَّهُ الرِّزْقَ، وَفَتَحَ عَلَيْكَ الأَرْضَ وَأَكْثَرَ مِنَ الْخَيْرِ، فَلَوْ طَعِمْتَ طَعَامًا أَلْيَنَ مِنْ طَعَامِكِ، وَلَبِسَتْ لِبَاسًا أَلْيَنَ مِنْ لِبَاسِكَ، فَقَالَ: " سَأُخَاصِمُكِ إِلَى نَفْسِكِ، أَمَا تَذْكُرِينَ مَا كَانَ رَسُولُ اللَّهِ ﷺ يَلْقَى مِنْ شِدَّةِ الْعَيْشِ؟ " قَالَ: فَمَا زَالَ يُذَكِّرُهَا حَتَّى أَبْكَاهَا، ثُمَّ قَالَ: " إِنِّي قَدْ قُلْتُ لَكِ إِنِّي وَاللَّهِ لَئِنِ اسْتَطَعْتُ لأُشَارِكَنَّهُمَا فِي عَيْشِهِمَا الشَّدِيدِ لَعَلِّي أَلْقَى مَعَهُمَا عَيْشَهُمَا الرَّخِيَّ." قَالَ يَزِيدُ بْنُ هَارُونَ: يَعْنِي رَسُولَ اللَّهِ ﷺ وَأَبَا بَكْرٍ.

- قال المعافى بن عمران في «كتاب الزهد»: حَدَّثَنَا أَبُو مَعْشَرٍ الْمَدِينِيُّ، قَالَ: حَدَّثَنَا مُحَمَّدُ بْنُ قَيْسٍ، قَالَ: دَخَلَ أُنَاسٌ مِنْ بَنِي عَدِيٍّ عَلَى حَفْصَةَ ابْنَةِ عُمَرَ، فَقَالُوا: لَوْ كَلَّمْتَ أَمِيرَ الْمُؤْمِنِينَ أَنْ يَأْكُلَ طَعَامًا هُوَ أَطْيَبُ مِنْ هَذَا الطَّعَامِ، وَيَلْبَسُ ثِيَابًا أَلْيَنُ مِنْ هَذِهِ الثِّيَابِ، فَإِنَّهُ قَدْ بَدَتْ عِلْبَاءُ رَقَبَتِهِ مِنَ الْهُزَالِ، وَقَدْ كَثُرَ الْمَالُ، وَفُتِحَتِ الْأَمْصَارُ، فَدَعَتْهُ، فَقَالَتْ لَهُ ذَاكَ، فَقَالَ لَهَا: يَا بُنَيَّةُ، هَلُمَّ صَاعًا مِنْ تَمْرٍ، فَجَاءُوا بِصَاعٍ مِنْ تَمْرٍ عَجْوَةٍ، فَقَالَ: افْرُكُوهُ بِأَيْدِيكُمْ، فَفَرَكُوهُ، فَقَالَ: انْزِعُوا تَفَارِيقَهُ، يَعْنِي أَقْمَاعَهُ، فَجَلَسَ عَلَيْهِ فَأَكَلَهُ كُلَّهُ.

ثُمَّ قَالَ: " أَتُرَوْنِي لَا أَشْتَهِي الطَّعَامَ، إِنِّي لَآكُلُ الْخُبْزَ وَاللَّحْمَ، ثُمَّ إِنِّي لَأَتْرُكُ اللَّحْمَ وَهُوَ عِنْدِي، فَلَا آكُلُ بِهِ، وَآكُلُ بِالسَّمْنِ، ثُمَّ إِنِّي لَأَتْرُكُ السَّمْنَ وَهُوَ عِنْدِي، فَلَا آكُلُ بِهِ، وَلَوْ شِئْتُ لَأَكَلْتُ، وَلَكِنِّي أَتْرُكُهُ وَآكُلُ بِالزَّيْتِ، ثُمَّ إِنِّي لَأَتْرُكُ الزَّيْتَ وَهُوَ عِنْدِي، لَا آكُلُ بِهِ، وَآكُلُ بِالْمِلْحِ، وَإِنِّي لَأَتْرُكُ الْمِلْحَ وَهُوَ عِنْدِي، وَإِنَّ الْمِلْحَ لَإِدَامٌ، وَلَوْ شِئْتُ لَأَكَلْتُهُ بِهِ، وَأُكْثِرُ أَكْلَ قَفَارٍ، أَبْتَغِي مَا عِنْدَ اللَّهِ.

يَا بُنَيَّةُ، أَخْبِرِينِي بِأَحْسَنِ ثَوْبٍ لَبِسَهُ رَسُولُ اللَّهِ ﷺ عِنْدَكِ؟ قَالَتْ: نَمِرَةٌ نُسِجَتْ لَهُ فَلَبِسَهَا، فَقَالَ رَجُلٌ مِنْ أَصْحَابِهِ: اكْسُنِيهَا، فَكَسَاهَا إِيَّاهُ. قَالَ: فَأَخْبِرِينِي بِأَلْيَنِ فِرَاشٍ فَرَشْتِيهِ عِنْدَكِ قَطُّ؟ قَالَتْ: عَبَاءَةٌ كُنَّا ثَنَيْنَاهَا لَهُ فَغَلُظَتْ عَلَيْهِ فَدَبَغْنَاهَا، وَوِسَادَةٌ مِنْ أَدَمٍ مَحْشُوَّةٍ بِلِيفٍ. فَقَالَ: يَا بُنَيَّةُ، مَضَى صَاحِبَايَ عَلَى حَالٍ إِنْ خَالَفْتُهُمَا خُولِفَ بِي عَنْهُمَا، إِذَنْ لَا أَفْعَلُ شَيْئًا مِمَّا تَقُولِينَ."

24. وقال ابن سعد في «كتاب الطبقات الكبير»: أَخبَرنا يَزيدُ بن هارونَ، عَن مُحَمد بن مُطرِّفٍ، عَن زَيد بن أَسلَمَ، عَن أَبيه، قالَ: أَصابَ النّاسَ عامُ سَنَةٍ، فَغَلاَ السَّمْنُ، وكانَ عُمَرُ يَأكُلُهُ، فَلَمّا قَلَّ, قالَ: لاَ آكُلُهُ حَتى يَأكُلَهُ النّاسُ، فَكانَ يَأكُلُ الزَّيتَ، فَقالَ: يا أَسلَمُ، اكسَر عَنِّي حَرَّهُ بِالنّارِ، فَكُنتُ أَطبُخُهُ لَهُ فَيَأكُلُهُ فَيَتَقَرقَر بَطنُهُ عَنهُ، فَيَقول: تُقَرقِرُ، لاَ واللهِ لاَ تَأكُلُهُ حَتى يَأكُلَهُ النّاسُ.

- وقال ابن سعد في كتاب «الطبقات الكبير»: قَالَ: أَخْبَرَنَا عَبْدُ اللَّهِ بْنُ نُمَيْرٍ، عَنْ عُبَيْدِ اللَّهِ، عَنْ ثَابِتٍ الْبُنَانِيِّ، عَنْ أَنَسِ بْنِ مَالِكٍ، قَالَ: تَقَرْقَرَ بَطْنُ عُمَرَ بْنِ الْخَطَّابِ وَكَانَ يَأْكُلُ الزَّيْتَ عَامَ الرَّمَادَةِ، وَكَانَ حَرَّمَ عَلَيْهِ السَّمْنَ، فَنَقَرَ بَطْنَهُ بِإِصْبَعِهِ، قَالَ: " تَقَرْقَرْ تَقَرْقُرِكِ، إِنَّهُ لَيْسَ لَكِ عِنْدَنَا غَيْرُهُ حَتَّى يَحْيَا النَّاسُ."

25. روى عبد الرزاق في مصنفه، عَنْ مَعْمَرٍ، عَنْ أَيُّوبَ، عَنْ أَبِي قِلاَبَةَ، قَالَ: وَقَعَ سُفْيَانُ بن الأَسْوَدِ بْنِ عَبدِ الأَسْوَدِ عَلَى أَمَةٍ لَهُ، فَأَقْعَدَهَا عَلَى مِقْلًى فَاحْتَرَقَ عَجزُهَا، فَأَعْتَقَهَا عُمَرُ بن الْخَطَّابِ وَأَوْجَعَهُ ضَرْبًا.

- وروى عبد الرزاق، عَنِ الثَّورِيِّ، عَنْ عَبدِ المَلِكِ بْنِ أَبِي سُلَيْمَانَ، عَن رَجُلٍ مِنْهُمْ، عَن عُمَرَ أَنَّ رَجُلاً أَقْعَدَ جَارِيَةً لَهُ عَلَى النَّارِ، فَأَعْتَقَهَا عُمَرُ.

26. وقال ابن أبي شيبة في «مصنفه»: حَدَّثَنَا وَكِيعٌ , قَالَ : حدَّثَنَا سَعِيدُ بْنُ عَبْدِ الْعَزِيزِ التَّنُوخِيُّ ، عَنْ إِسْمَاعِيلَ بْنِ عُبَيْدِ اللهِ بْنِ أبي الْمُهَاجِرِ ، عَنْ عَبدِ الرَّحْمَنِ بْنِ

غَنْمِ الأَشْعَرِيِّ ، قَالَ : قَالَ عُمَرُ : وَيْلٌ لِدَيَّانِ أَهْلِ الأَرْضِ مِنْ دَيَّانِ أَهْلِ السَّمَاءِ يَوْمَ يَلْقَوْنَهُ إِلاَّ مَنْ أَمَّ الْعَدْلَ وَقَضَى بِالْحَقِّ ، وَلَمْ يَقْضِ لِهَوًى ، وَلاَ قَرَابَةٍ ، وَلاَ لِرَغْبَةٍ ، وَلاَ لِرَهْبَةٍ ، وَجَعَلَ كِتَابَ اللهِ مِرْآةً بَيْنَ عَيْنَيْهِ.

27. قال ابن سعد في كتاب «الطبقات الكبير»: أَخْبَرَنَا الْفَضْلُ بْنُ دُكَيْنٍ، قَالَ: حَدَّثَنَا أَبُو خَلْدَةَ، قَالَ: حَدَّثَنِي أَبُو الْعَالِيَةِ، قَالَ: أَكْثَرُ مَا سَمِعْتُ مِنْ عُمَرَ، يَقُولُ: " اللَّهُمَّ عَافِنَا، وَاعْفُ عَنَّا."

- قال ابن أبي شيبة في مصنفه: أَخْبَرَنَا الْفَضْلُ بْنُ دُكَيْنٍ، قَالَ: حَدَّثَنَا أَبُو خَلْدَةَ، قَالَ: حَدَّثَنِي أَبُو الْعَالِيَةِ، قَالَ: أَكْثَرُ مَا سَمِعْتُ مِنْ عُمَرَ، يَقُولُ: " اللَّهُمَّ عَافِنَا، وَاعْفُ عَنَّا."

28. قال ابن سعد في «كتاب الطبقات الكبير»: أَخبَرنا عارِمُ بن الفَضلِ، قالَ: أَخبَرنا حَماد بن سَلَمَةَ، قالَ: أَخبَرنا حُمَيدٌ، عَن أَنَس بن مالِكٍ: أَنَّ الهُرمُزانَ رَأَى عُمَر بنَ الخَطّاب مُضطَجِعًا في مَسجِد رَسول الله ﷺ، فَقالَ: هَذا واللهِ المَلِكُ الهَنيءُ.

- وقال البلاذري في «أنساب الأشراف»: حدثني هُدْبَةُ بْنُ خَالِدٍ، ثنا حَمَّادُ بْنُ سَلَمَةَ، ثنا حُمَيْدٌ، عَنْ أَنَسٍ أَنَّ الْهُرْمُزَانَ رَأَى عُمَرَ بْنَ الخطاب رضي الله تعالى عنه مضطجعا فِي مَسْجِد رَسُول اللَّهِ ﷺ لَيْسَ حَوْلَهُ أَحَدٌ فَقَالَ: هَذَا وَاللَّهِ آخِرُ الْمُلْكِ الْهَنِيءِ.

عادات أمير المؤمنين عند الصلاة وصلاة الفجر

29. قال ابن أبي شيبة في مصنفه: حَدَّثَنَا حَفْصٌ ، عَنْ عَاصِمٍ ، عَنْ أَبِي عُثْمَانَ النَّهْدِيِّ ، قَالَ : قَالَ عُمَرُ : إِنِّي لأُجَهِّزُ جُيُوشِي وَأَنَا فِي الصَّلاَةِ.

30. وقال أبو نعيم في «حلية الأولياء»: حَدَّثَنَا أَحْمَدُ بْنُ جَعْفَرِ بْنِ حَمْدَانَ، حَدَّثَنَا عَبْدُ اللهِ بْنُ أَحْمَدَ بْنِ حَنْبَلٍ، حَدَّثَنِي أَبِي، حَدَّثَنَا سُلَيْمَانُ بْنُ دَاوُدَ، حَدَّثَنَا شُعْبَةُ، عَنْ سُلَيْمَانَ التَّيْمِيِّ، عَنْ أَبِي عُثْمَانَ النَّهْدِيِّ، قَالَ عُمَرُ بْنُ الْخَطَّابِ: " الشِّتَاءُ غَنِيمَةُ الْعَابِدِينَ."

31. وروى مالك في «الموطأ»، عَنْ زَيْدِ بْنِ أَسْلَمَ، عَنْ أَبِيهِ، أَنَّ عُمَرَ بْنَ الْخَطَّابِ، كَانَ يُصَلِّي مِنَ اللَّيْلِ مَا شَاءَ اللَّهُ حَتَّى إِذَا كَانَ مِنْ آخِرِ اللَّيْلِ أَيْقَظَ أَهْلَهُ لِلصَّلَاةِ يَقُولُ لَهُمْ: " الصَّلَاةَ الصَّلَاةَ، ثُمَّ يَتْلُو هَذِهِ الْآيَةَ (وَأْمُرْ أَهْلَكَ بِالصَّلَاةِ وَاصْطَبِرْ عَلَيْهَا لا نَسْأَلُكَ رِزْقًا نَحْنُ نَرْزُقُكَ وَالْعَاقِبَةُ لِلتَّقْوَى)."

32. وقال ابن أبي شيبة في مصنفه: حَدَّثَنَا مُحَمَّدُ بْنُ بِشْرٍ، قَالَ: نَا عُبَيْدُ اللَّهِ بْنُ عُمَرَ، عَنْ نَافِعٍ، أَنَّ عَبْدَ اللَّهِ أَخْبَرَهُ، أَنَّ عُمَرَ كَانَ إِذَا خَرَجَ إِلَى الصَّلاةِ نَادَى فِي الْمَسْجِدِ: " إِيَّاكُمْ وَاللَّغَطَ."

33. وقال ابن أبي شيبة: حَدَّثَنَا وَكِيعٌ، قَالَ : حدَّثَنَا شُعْبَةُ ، عَنْ سَعْدِ بْنِ إِبْرَاهِيمَ ، عَنْ أَبِيهِ ، قَالَ : سَمِعَ عُمَرُ بْنُ الْخَطَّابِ رَجُلاً رَافِعًا صَوْتَهُ فِي الْمَسْجِدِ ، فَقَالَ : أَتَدْرِي أَيْنَ أَنْتَ؟!

34. وقال ابن أبي الدنيا في «كتاب الرقة البكاء»: حَدَّثَنَا أَبُو خَيْثَمَةَ، قَالَ: حَدَّثَنَا عَبْدُ اللَّهِ بْنُ إِدْرِيسَ، عَنْ عَبْدِ الرَّحْمَنِ بْنِ إِسْحَاقَ، عَنْ مُحَارِبِ بْنِ دِثَارٍ، عَنْ عَبْدِ اللَّهِ بْنِ عُمَرَ، قَالَ: " رَأَيْتُ عُمَرَ بْنَ الْخَطَّابِ الْبَكَّاءَ، وَهُوَ يُصَلِّي حَتَّى سَمِعْتُ خَنِينَهُ، مِنْ وَرَاءِ ثَلاثَةِ صُفُوفٍ."

- قال المروزي كما في «مختصر قيام الليل وقيام رمضان وكتاب الوتر»: وَعَنِ ابْنِ عُمَرَ: «غَلَبَ عُمَرَ بْنَ الْخَطَّابِ رَضِيَ اللَّهُ عَنْهُ الْبُكَاءُ فِي صَلَاةِ الصُّبْحِ حَتَّى سَمِعْتُ نَحِيبَهُ مِنْ وَرَاءِ ثَلَاثَةِ صُفُوفٍ».

35. وقال سعيد بن منصور في سننه: حَدَّثَنَا سُفْيَانُ, عَنْ إِسْمَاعِيلَ بْنِ مُحَمَّدِ بْنِ سَعْدٍ, سَمِعَ عَبْدَ اللهِ بْنَ شَدَّادِ بْنِ الْهَادِ, يَقُولُ : سَمِعْتُ نَشِيجَ عُمَرَ بْنِ الْخَطَّابِ رَضِيَ اللَّهُ عَنْهُ، وَإِنِّي لَفِي آخِرِ الصُّفُوفِ {إِنَّمَا أَشْكُو بَثِّي وَحُزْنِي إِلَى اللهِ}.

36. وروى عبد الرزاق، عَنْ مَعْمَرٍ، عَن هِشَامِ بْنِ عُرْوَةَ، عَنْ أَبِيهِ، عَنْ عَبدِ اللهِ بْنِ عَامِرِ بْنِ رَبِيعَةَ، قَالَ: مَا حَفِظْتُ سُورَةَ يُوسُفَ، وَسُورَةَ الْحَجِّ إِلاَّ مِنْ عُمَرَ مِنْ كَثْرَةِ مَا كَانَ يَقْرَؤُهُمَا فِي صَلاَةِ الْفَجْرِ، فَقَالَ: كَانَ يَقْرَؤُهُمَا قِرَاءَةً بَطِيئَةً.

- وروى مالك في «الموطأ»، عَنْ هِشَامِ بْنِ عُرْوَةَ، عَنْ أَبِيهِ أَنَّهُ سَمِعَ عَبْدَ اللَّهِ بْنَ عَامِرِ بْنِ رَبِيعَةَ يَقُولُ: صَلَّيْنَا وَرَاءَ عُمَرَ بْنِ الْخَطَّابِ الصُّبْحَ. «فَقَرَأَ فِيهَا بِسُورَةِ يُوسُفَ وَسُورَةِ الْحَجِّ»، قِرَاءَةً بَطِيئَةً، فَقُلْتُ: وَاللَّهِ، إِذًا، لَقَدْ كَانَ يَقُومُ حِينَ يَطْلُعُ الْفَجْرُ. قَالَ: أَجَلْ.

37. وروى عبد الرزاق في مصنفه، عَنْ مَعْمَرٍ، عَنْ أَيُّوبَ، عَن نَافِعٍ، عَن صَفِيَّةَ بِنْتِ أَبِي عُبَيْدٍ أَنَّ عُمَرَ قَرَأَ فِي صَلاَةِ الْفَجْرِ بِالْكَهْفِ وَيُوسُفَ، أَوْ يُوسُفَ وَهُودٍ، قَالَ: فَتَرَدَّدَ فِي يُوسُفَ، فَلَمَّا تَرَدَّدَ رَجَعَ إِلَى أَوَّلِ السُّورَةِ فَقَرَأَ، ثُمَّ مَضَى فِيهَا كُلِّهَا.

38. وروى مَالِكٌ في «الموطأ»، عَن عَمِّهِ أَبِي سُهَيْلِ بْنِ مَالِكٍ، عَن أَبِيهِ أَنَّهُ قَالَ: كُنَّا نَسْمَعُ قِرَاءَةَ عُمَرَ بْنِ الْخَطَّابِ عِنْدَ دَارِ أَبِي جَهْمٍ بِالْبَلاَطِ.

39. وقال الحميدي في مسنده: ثنا سُفْيَانُ، ثنا عَاصِمُ بْنُ كُلَيْبٍ، قَالَ: أَخْبَرَنِي أَبِي، أَنَّهُ سَمِعَ ابْنَ عَبَّاسٍ يَقُولُ: كَانَ عُمَرُ بْنُ الْخَطَّابِ إِذَا صَلَّى صَلاَةً جَلَسَ لِلنَّاسِ فَمَنْ كَانَتْ لَهُ حَاجَةٌ كَلَّمَهُ، وَإِنْ لَمْ يَكُنْ لِأَحَدٍ حَاجَةٌ قَامَ فَدَخَلَ.

40. وروى مَالِكٌ كما في «رواية أبي المصعب»، عَنِ ابْنِ شِهَابٍ، عَنْ أَبِي بَكْرِ بْنِ سُلَيْمَانَ بْنِ أَبِي حَثْمَةَ، أَنَّ عُمَرَ بْنَ الْخَطَّابِ فَقَدَ سُلَيْمَانَ بْنَ أَبِي حَثْمَةَ فِي صَلَاةِ الصُّبْحِ، وَأَنَّ عُمَرَ بْنَ الْخَطَّابِ غَدَا إِلَى السُّوقِ، وَمَسْكَنُ سُلَيْمَانَ بَيْنَ الْمَسْجِدِ وَالسُّوقِ، فَمَرَّ عَلَى الشِّفَاءِ أُمِّ سُلَيْمَانَ، فَقَالَ لَهَا: " لَمْ أَرَ سُلَيْمَانَ فِي الصُّبْحِ "، فَقَالَتْ: إِنَّهُ بَاتَ يُصَلِّي فَغَلَبَتْهُ عَيْنَاهُ فَقَالَ عُمَرُ: " لَأَنْ أَشْهَدَ صَلَاةَ الصُّبْحِ فِي الْجَمَاعَةِ أَحَبُّ إِلَيَّ مِنْ أَنْ أَقُومَ لَيْلَةً."

الأخبار الجامعة لقصة مقتل أمير المؤمنين

This subsection contains comprehensive traditions that encompass the entire story of ʿUmar's murder. I dedicated a specific section to them, but their contents are dispersed across all chapters of the book.

41.قال البخاري في صحيحه: حَدَّثَنَا مُوسَى بْنُ إِسْمَاعِيلَ، حَدَّثَنَا أَبُو عَوَانَةَ، عَنْ حُصَيْنٍ، عَنْ عَمْرِو بْنِ مَيْمُونٍ، قَالَ: رَأَيْتُ عُمَرَ بْنَ الخَطَّابِ رَضِيَ اللَّهُ عَنْهُ، قَبْلَ أَنْ يُصَابَ بِأَيَّامٍ بِالْمَدِينَةِ، وَقَفَ عَلَى حُذَيْفَةَ بْنِ اليَمَانِ، وَعُثْمَانَ بْنِ حُنَيْفٍ، قَالَ: " كَيْفَ فَعَلْتُمَا، أَتَخَافَانِ أَنْ تَكُونَا قَدْ حَمَّلْتُمَا الأَرْضَ مَا لاَ تُطِيقُ؟ قَالاَ: حَمَّلْنَاهَا أَمْرًا هِيَ لَهُ مُطِيقَةٌ، مَا فِيهَا كَبِيرُ فَضْلٍ، قَالَ: انْظُرَا أَنْ تَكُونَا حَمَّلْتُمَا الأَرْضَ مَا لاَ تُطِيقُ، قَالَ: قَالاَ: لاَ، فَقَالَ عُمَرُ: لَئِنْ سَلَّمَنِي اللَّهُ، لَأَدَعَنَّ أَرَامِلَ أَهْلِ العِرَاقِ لاَ يَحْتَجْنَ إِلَى رَجُلٍ بَعْدِي أَبَدًا.

قَالَ: فَمَا أَتَتْ عَلَيْهِ إِلَّا رَابِعَةٌ حَتَّى أُصِيبَ، قَالَ: إِنِّي لَقَائِمٌ مَا بَيْنِي وَبَيْنَهُ، إِلَّا عَبْدُ اللَّهِ بْنُ عَبَّاسٍ غَدَاةَ أُصِيبَ، وَكَانَ إِذَا مَرَّ بَيْنَ الصَّفَّيْنِ، قَالَ: اسْتَوُوا، حَتَّى إِذَا لَمْ يَرَ فِيهِنَّ خَلَلًا تَقَدَّمَ فَكَبَّرَ، وَرُبَّمَا قَرَأَ سُورَةَ يُوسُفَ، أَوِ النَّحْلَ، أَوْ نَحْوَ ذَلِكَ , فِي الرَّكْعَةِ الأُولَى حَتَّى يَجْتَمِعَ النَّاسُ، فَمَا هُوَ إِلَّا أَنْ كَبَّرَ فَسَمِعْتُهُ يَقُولُ: قَتَلَنِي - أَوْ أَكَلَنِي - الكَلْبُ، حِينَ طَعَنَهُ، فَطَارَ العِلْجُ بِسِكِّينٍ ذَاتِ طَرَفَيْنِ، لاَ يَمُرُّ عَلَى أَحَدٍ يَمِينًا وَلاَ شِمَالًا إِلَّا طَعَنَهُ، حَتَّى طَعَنَ ثَلاَثَةَ عَشَرَ رَجُلًا، مَاتَ مِنْهُمْ سَبْعَةٌ.

فَلَمَّا رَأَى ذَلِكَ رَجُلٌ مِنَ المُسْلِمِينَ طَرَحَ عَلَيْهِ بُرْنُسًا، فَلَمَّا ظَنَّ العِلْجُ أَنَّهُ مَأْخُوذٌ نَحَرَ نَفْسَهُ، وَتَنَاوَلَ عُمَرُ يَدَ عَبْدِ الرَّحْمَنِ بْنِ عَوْفٍ فَقَدَّمَهُ، فَمَنْ يَلِي عُمَرَ فَقَدْ رَأَى الَّذِي أَرَى، وَأَمَّا نَوَاحِي المَسْجِدِ فَإِنَّهُمْ لاَ يَدْرُونَ، غَيْرَ أَنَّهُمْ قَدْ فَقَدُوا صَوْتَ عُمَرَ، وَهُمْ يَقُولُونَ: سُبْحَانَ اللَّهِ سُبْحَانَ اللَّهِ، فَصَلَّى بِهِمْ عَبْدُ الرَّحْمَنِ صَلاَةً خَفِيفَةً.

فَلَمَّا انْصَرَفُوا قَالَ: يَا ابْنَ عَبَّاسٍ، انْظُرْ مَنْ قَتَلَنِي، فَجَالَ سَاعَةً ثُمَّ جَاءَ فَقَالَ: غُلاَمُ المُغِيرَةِ، قَالَ: الصَّنَعُ؟ قَالَ: نَعَمْ، قَالَ: قَاتَلَهُ اللَّهُ، لَقَدْ أَمَرْتُ بِهِ مَعْرُوفًا، الحَمْدُ لِلَّهِ الَّذِي لَمْ يَجْعَلْ مِيتَتِي بِيَدِ رَجُلٍ يَدَّعِي الإِسْلاَمَ، قَدْ كُنْتَ أَنْتَ وَأَبُوكَ تُحِبَّانِ أَنْ تَكْثُرَ العُلُوجُ بِالْمَدِينَةِ - وَكَانَ العَبَّاسُ أَكْثَرَهُمْ رَقِيقًا - فَقَالَ: إِنْ

شِئْتَ فَعَلْتُ، أَيْ: إِنْ شِئْتَ قَتَلْنَا؟ قَالَ: كَذَبْتَ بَعْدَ مَا تَكَلَّمُوا بِلِسَانِكُمْ، وَصَلَّوْا قِبْلَتَكُمْ، وَحَجُّوا حَجَّكُمْ.

فَاحْتُمِلَ إِلَى بَيْتِهِ فَانْطَلَقْنَا مَعَهُ، وَكَأَنَّ النَّاسَ لَمْ تُصِبْهُمْ مُصِيبَةٌ قَبْلَ يَوْمَئِذٍ، فَقَائِلٌ يَقُولُ: لاَ بَأْسَ، وَقَائِلٌ يَقُولُ: أَخَافُ عَلَيْهِ، فَأُتِيَ بِنَبِيذٍ فَشَرِبَهُ، فَخَرَجَ مِنْ جَوْفِهِ، ثُمَّ أُتِيَ بِلَبَنٍ فَشَرِبَهُ فَخَرَجَ مِنْ جُرْحِهِ، فَعَلِمُوا أَنَّهُ مَيِّتٌ، فَدَخَلْنَا عَلَيْهِ، وَجَاءَ النَّاسُ، فَجَعَلُوا يُثْنُونَ عَلَيْهِ.

وَجَاءَ رَجُلٌ شَابٌّ، فَقَالَ: أَبْشِرْ يَا أَمِيرَ الْمُؤْمِنِينَ بِبُشْرَى اللَّهِ لَكَ، مِنْ صُحْبَةِ رَسُولِ اللَّهِ ﷺ، وَقَدَمٍ فِي الإِسْلاَمِ مَا قَدْ عَلِمْتَ، ثُمَّ وَلِيتَ فَعَدَلْتَ، ثُمَّ شَهَادَةٌ، قَالَ: وَدِدْتُ أَنَّ ذَلِكَ كَفَافٌ لاَ عَلَيَّ وَلاَ لِي، فَلَمَّا أَدْبَرَ إِذَا إِزَارُهُ يَمَسُّ الأَرْضَ، قَالَ: رُدُّوا عَلَيَّ الغُلاَمَ، قَالَ: يَا ابْنَ أَخِي ارْفَعْ ثَوْبَكَ، فَإِنَّهُ أَبْقَى لِثَوْبِكَ، وَأَتْقَى لِرَبِّكَ.

يَا عَبْدَ اللَّهِ بْنَ عُمَرَ، انْظُرْ مَا عَلَيَّ مِنَ الدَّيْنِ، فَحَسَبُوهُ فَوَجَدُوهُ سِتَّةً وَثَمَانِينَ أَلْفًا أَوْ نَحْوَهُ، قَالَ: إِنْ وَفَى لَهُ، مَالُ آلِ عُمَرَ فَأَدِّهِ مِنْ أَمْوَالِهِمْ، وَإِلَّا فَسَلْ فِي بَنِي عَدِيِّ بْنِ كَعْبٍ، فَإِنْ لَمْ تَفِ أَمْوَالُهُمْ فَسَلْ فِي قُرَيْشٍ، وَلاَ تَعْدُهُمْ إِلَى غَيْرِهِمْ، فَأَدِّ عَنِّي هَذَا المَالَ.

انْطَلِقْ إِلَى عَائِشَةَ أُمِّ المُؤْمِنِينَ، فَقُلْ: يَقْرَأُ عَلَيْكِ عُمَرُ السَّلاَمَ، وَلاَ تَقُلْ أَمِيرُ المُؤْمِنِينَ، فَإِنِّي لَسْتُ اليَوْمَ لِلْمُؤْمِنِينَ أَمِيرًا، وَقُلْ: يَسْتَأْذِنُ عُمَرُ بْنُ الخَطَّابِ أَنْ يُدْفَنَ مَعَ صَاحِبَيْهِ، فَسَلَّمَ وَاسْتَأْذَنَ، ثُمَّ دَخَلَ عَلَيْهَا، فَوَجَدَهَا قَاعِدَةً تَبْكِي، فَقَالَ: يَقْرَأُ عَلَيْكِ عُمَرُ بْنُ الخَطَّابِ السَّلاَمَ، وَيَسْتَأْذِنُ أَنْ يُدْفَنَ مَعَ صَاحِبَيْهِ، فَقَالَتْ: كُنْتُ أُرِيدُهُ لِنَفْسِي، وَلَأُوثِرَنَّ بِهِ اليَوْمَ عَلَى نَفْسِي، فَلَمَّا أَقْبَلَ، قِيلَ: هَذَا عَبْدُ اللَّهِ بْنُ عُمَرَ، قَدْ جَاءَ، قَالَ: ارْفَعُونِي، فَأَسْنَدَهُ رَجُلٌ إِلَيْهِ، فَقَالَ: مَا لَدَيْكَ؟ قَالَ: الَّذِي تُحِبُّ يَا أَمِيرَ المُؤْمِنِينَ أَذِنَتْ، قَالَ: الحَمْدُ لِلَّهِ، مَا كَانَ مِنْ شَيْءٍ أَهَمُّ إِلَيَّ مِنْ ذَلِكَ، فَإِذَا أَنَا قَضَيْتُ فَاحْمِلُونِي، ثُمَّ سَلِّمْ، فَقُلْ: يَسْتَأْذِنُ عُمَرُ بْنُ الخَطَّابِ، فَإِنْ أَذِنَتْ لِي فَأَدْخِلُونِي، وَإِنْ رَدَّتْنِي رُدُّونِي إِلَى مَقَابِرِ المُسْلِمِينَ.

وَجَاءَتْ أُمُّ الْمُؤْمِنِينَ حَفْصَةُ وَالنِّسَاءُ تَسِيرُ مَعَهَا، فَلَمَّا رَأَيْنَاهَا قُمْنَا، فَوَلَجَتْ عَلَيْهِ، فَبَكَتْ عِنْدَهُ سَاعَةً، وَاسْتَأْذَنَ الرِّجَالُ، فَوَلَجَتْ دَاخِلًا لَهُمْ، فَسَمِعْنَا بُكَاءَهَا مِنَ الدَّاخِلِ.

فَقَالُوا: أَوْصِ يَا أَمِيرَ الْمُؤْمِنِينَ اسْتَخْلِفْ، قَالَ: مَا أَجِدُ أَحَدًا أَحَقَّ بِهَذَا الْأَمْرِ مِنْ هَؤُلَاءِ النَّفَرِ، أَوِ الرَّهْطِ، الَّذِينَ تُوُفِّيَ رَسُولُ اللَّهِ ﷺ وَهُوَ عَنْهُمْ رَاضٍ، فَسَمَّى عَلِيًّا، وَعُثْمَانَ، وَالزُّبَيْرَ، وَطَلْحَةَ، وَسَعْدًا، وَعَبْدَ الرَّحْمَنِ، وَقَالَ: يَشْهَدُكُمْ عَبْدُ اللَّهِ بْنُ عُمَرَ، وَلَيْسَ لَهُ مِنَ الْأَمْرِ شَيْءٌ - كَهَيْئَةِ التَّعْزِيَةِ لَهُ - فَإِنْ أَصَابَتِ الْإِمْرَةُ سَعْدًا فَهُوَ ذَاكَ، وَإِلَّا فَلْيَسْتَعِنْ بِهِ أَيُّكُمْ مَا أُمِّرَ، فَإِنِّي لَمْ أَعْزِلْهُ عَنْ عَجْزٍ، وَلَا خِيَانَةٍ.

وَقَالَ: أُوصِي الْخَلِيفَةَ مِنْ بَعْدِي، بِالْمُهَاجِرِينَ الْأَوَّلِينَ، أَنْ يَعْرِفَ لَهُمْ حَقَّهُمْ، وَيَحْفَظَ لَهُمْ حُرْمَتَهُمْ، وَأُوصِيهِ بِالْأَنْصَارِ خَيْرًا، {الَّذِينَ تَبَوَّءُوا الدَّارَ وَالْإِيمَانَ مِنْ قَبْلِهِمْ}، أَنْ يُقْبَلَ مِنْ مُحْسِنِهِمْ، وَأَنْ يُعْفَى عَنْ مُسِيئِهِمْ، وَأُوصِيهِ بِأَهْلِ الْأَمْصَارِ خَيْرًا، فَإِنَّهُمْ رِدْءُ الْإِسْلَامِ، وَجُبَاةُ الْمَالِ، وَغَيْظُ الْعَدُوِّ، وَأَنْ لَا يُؤْخَذَ مِنْهُمْ إِلَّا فَضْلُهُمْ عَنْ رِضَاهُمْ. وَأُوصِيهِ بِالْأَعْرَابِ خَيْرًا، فَإِنَّهُمْ أَصْلُ الْعَرَبِ، وَمَادَّةُ الْإِسْلَامِ، أَنْ يُؤْخَذَ مِنْ حَوَاشِي أَمْوَالِهِمْ، وَيُرَدَّ عَلَى فُقَرَائِهِمْ، وَأُوصِيهِ بِذِمَّةِ اللَّهِ، وَذِمَّةِ رَسُولِهِ ﷺ أَنْ يُوفَى لَهُمْ بِعَهْدِهِمْ، وَأَنْ يُقَاتَلَ مِنْ وَرَائِهِمْ، وَلَا يُكَلَّفُوا إِلَّا طَاقَتَهُمْ.

فَلَمَّا قُبِضَ خَرَجْنَا بِهِ، فَانْطَلَقْنَا نَمْشِي، فَسَلَّمَ عَبْدُ اللَّهِ بْنُ عُمَرَ، قَالَ: يَسْتَأْذِنُ عُمَرُ بْنُ الْخَطَّابِ، قَالَتْ: أَدْخِلُوهُ، فَأُدْخِلَ، فَوُضِعَ هُنَالِكَ مَعَ صَاحِبَيْهِ، فَلَمَّا فُرِغَ مِنْ دَفْنِهِ اجْتَمَعَ هَؤُلَاءِ الرَّهْطُ، فَقَالَ عَبْدُ الرَّحْمَنِ: اجْعَلُوا أَمْرَكُمْ إِلَى ثَلَاثَةٍ مِنْكُمْ، فَقَالَ الزُّبَيْرُ: قَدْ جَعَلْتُ أَمْرِي إِلَى عَلِيٍّ، فَقَالَ طَلْحَةُ: قَدْ جَعَلْتُ أَمْرِي إِلَى عُثْمَانَ، وَقَالَ سَعْدٌ: قَدْ جَعَلْتُ أَمْرِي إِلَى عَبْدِ الرَّحْمَنِ بْنِ عَوْفٍ، فَقَالَ عَبْدُ الرَّحْمَنِ: أَيُّكُمَا تَبَرَّأَ مِنْ هَذَا الْأَمْرِ، فَنَجْعَلُهُ إِلَيْهِ وَاللَّهُ عَلَيْهِ وَالْإِسْلَامُ، لَيَنْظُرَنَّ أَفْضَلَهُمْ فِي نَفْسِهِ؟ فَأُسْكِتَ الشَّيْخَانِ.

فَقَالَ عَبْدُ الرَّحْمَنِ: أَفَتَجْعَلُونَهُ إِلَيَّ وَاللَّهُ عَلَيَّ أَنْ لاَ آلُ عَنْ أَفْضَلِكُمْ قَالاَ: نَعَمْ، فَأَخَذَ بِيَدِ أَحَدِهِمَا فَقَالَ: لَكَ قَرَابَةٌ مِنْ رَسُولِ اللَّهِ ﷺ وَالقَدَمُ فِي الإِسْلاَمِ مَا قَدْ عَلِمْتَ، فَاللَّهُ عَلَيْكَ لَئِنْ أَمَّرْتُكَ لَتَعْدِلَنَّ، وَلَئِنْ أَمَّرْتُ عُثْمَانَ لَتَسْمَعَنَّ، وَلَتُطِيعَنَّ، ثُمَّ خَلاَ بِالْآخَرِ فَقَالَ لَهُ مِثْلَ ذَلِكَ، فَلَمَّا أَخَذَ المِيثَاقَ قَالَ: ارْفَعْ يَدَكَ يَا عُثْمَانُ فَبَايَعَهُ، فَبَايَعَ لَهُ عَلِيٌّ، وَوَلَجَ أَهْلُ الدَّارِ فَبَايَعُوهُ."

42. وقال ابن سعد في «كتاب الطبقات الكبير»: أَخْبَرَنَا عُبَيْدُ اللَّهِ بْنُ مُوسَى، قَالَ: أَخْبَرَنَا إِسْرَائِيلُ بْنُ يُونُسَ، عَنْ أَبِي إِسْحَاقَ، عَنْ عَمْرِو بْنِ مَيْمُونٍ، قَالَ: شَهِدْتُ عُمَرَ يَوْمَ طُعِنَ فَمَا مَنَعَنِي أَنْ أَكُونَ فِي الصَّفِّ الْمُقَدَّمِ إِلا هَيْبَتُهُ، وَكَانَ رَجُلا مَهِيبًا فَكُنْتُ فِي الصَّفِّ الَّذِي يَلِيهِ، وَكَانَ عُمَرُ لا يُكَبِّرُ حَتَّى يَسْتَقْبِلَ الصَّفَّ الْمُقَدَّمَ بِوَجْهِهِ، فَإِنْ رَأَى رَجُلا مُتَقَدِّمًا مِنَ الصَّفِّ أَوْ مُتَأَخِّرًا ضَرَبَهُ بِالدِّرَّةِ، فَذَلِكَ الَّذِي مَنَعَنِي مِنْهُ.

فَأَقْبَلَ عُمَرُ فَعَرَضَ لَهُ أَبُو لُؤْلُؤَةَ غُلامُ الْمُغِيرَةِ بْنِ شُعْبَةَ، فَنَاجَى عُمَرَ غَيْرَ بَعِيدٍ ثُمَّ طَعَنَهُ ثَلاثَ طَعَنَاتٍ، قَالَ: فَسَمِعْتُ عُمَرَ وَهُوَ يَقُولُ هَكَذَا بِيَدِهِ وَقَدْ بَسَطَهَا: " دُونَكُمُ الْكَلْبَ، قَدْ قَتَلَنِي!"، وَمَاجَ النَّاسُ فَجُرِحَ ثَلاثَةَ عَشَرَ وَشَدَّ عَلَيْهِ رَجُلٌ مِنْ خَلْفِهِ فَاحْتَضَنَهُ، وَاحْتُمِلَ عُمَرُ وَمَاجَ النَّاسُ بَعْضُهُمْ فِي بَعْضٍ، حَتَّى، قَالَ قَائِلٌ: الصَّلاةَ عِبَادَ اللَّهِ، قَدْ طَلَعَتِ الشَّمْسُ، فَدَفَعُوا عَبْدَ الرَّحْمَنِ بْنَ عَوْفٍ فَصَلَّى بِنَا بِأَقْصَرِ سُورَتَيْنِ فِي الْقُرْآنِ: (إِذَا جَاءَ نَصْرُ اللَّهِ وَالْفَتْحِ) وَ(إِنَّا أَعْطَيْنَاكَ الْكَوْثَرَ).

وَاحْتُمِلَ عُمَرُ فَدَخَلَ النَّاسُ عَلَيْهِ، فَقَالَ: " يَا عَبْدَ اللَّهِ بْنَ عَبَّاسٍ، اخْرُجْ فَنَادِ فِي النَّاسِ: أَيُّهَا النَّاسُ، إِنَّ أَمِيرَ الْمُؤْمِنِينَ يَقُولُ: أَعَنْ مَلإٍ مِنْكُمْ هَذَا؟ "، فَقَالُوا: مَعَاذَ اللَّهِ، مَا عَلِمْنَا وَلا اطَّلَعْنَا، فَقَالَ: " ادْعُوا لِي طَبِيبًا "، فَدُعِيَ لَهُ الطَّبِيبُ فَقَالَ: أَيُّ الشَّرَابِ أَحَبُّ إِلَيْكَ؟ قَالَ: " نَبِيذٌ "، فَسُقِيَ نَبِيذًا فَخَرَجَ مِنْ بَعْضِ طَعَنَاتِهِ، فَقَالَ النَّاسُ: هَذَا صَدِيدٌ، اسْقُوهُ لَبَنًا، فَسُقِيَ لَبَنًا فَخَرَجَ، فَقَالَ الطَّبِيبُ: مَا أَرَى أَنْ تُمْسِيَ، فَمَا كُنْتَ فَاعِلا فَافْعَلْ.

فَقَالَ: " يَا عَبْدَ اللَّهِ بْنَ عُمَرَ، نَاوِلْنِي الْكَتِفَ، فَلَوْ أَرَادَ اللَّهُ أَنْ يُمْضِيَ مَا فِيهَا أَمْضَاهُ "، فَقَالَ لَهُ ابْنُ عُمَرَ: أَنَا أَكْفِيكَ مَحْوَهَا، فَقَالَ: لا وَاللَّهِ، لا يَمْحُوهَا أَحَدٌ غَيْرِي، فَمَحَاهَا عُمَرُ بِيَدِهِ، وَكَانَ فِيهَا فَرِيضَةُ الْجَدِّ.

ثُمَّ قَالَ: " ادْعُوا لِي عَلِيًّا، وَعُثْمَانَ، وَطَلْحَةَ، وَالزُّبَيْرَ، وَعَبْدَ الرَّحْمَنِ بْنَ عَوْفٍ، وَسَعْدًا "، فَلَمْ يُكَلِّمْ أَحَدًا مِنْهُمْ غَيْرَ عَلِيٍّ، وَعُثْمَانَ، فَقَالَ: " يَا عَلِيُّ، لَعَلَّ هَؤُلاءِ الْقَوْمِ يَعْرِفُونَ لَكَ قَرَابَتَكَ مِنَ النَّبِيِّ ﷺ وَصِهْرَكَ، وَمَا آتَاكَ اللَّهُ مِنَ الْفِقْهِ وَالْعِلْمِ، فَإِنْ وُلِّيتَ هَذَا الأَمْرَ فَاتَّقِ اللَّهَ فِيهِ "، ثُمَّ دَعَا عُثْمَانَ، فَقَالَ: " يَا عُثْمَانُ، لَعَلَّ هَؤُلاءِ الْقَوْمِ يَعْرِفُونَ لَكَ صِهْرَكَ مِنْ رَسُولِ اللَّهِ ﷺ وَسِنَّكَ، وَشَرَفَكَ، فَإِنْ وُلِّيتَ هَذَا الأَمْرَ فَاتَّقِ اللَّهَ وَلا تَحْمِلَنَّ بَنِي أَبِي مُعَيْطٍ عَلَى رِقَابِ النَّاسِ."

ثُمَّ قَالَ: " ادْعُوا لِي صُهَيْبًا "، فَدُعِيَ فَقَالَ: " صَلِّ بِالنَّاسِ، ثَلاثًا، وَلْيَخْلُ هَؤُلاءِ الْقَوْمُ فِي بَيْتٍ، فَإِذَا اجْتَمَعُوا عَلَى رَجُلٍ فَمَنْ خَالَفَهُمْ فَاضْرِبُوا رَأْسَهُ "، فَلَمَّا خَرَجُوا مِنْ عِنْدِ عُمَرَ.

قَالَ عُمَرُ: " لَوْ وَلَّوْهَا الأَجْلَحَ سَلَكَ بِهِمُ الطَّرِيقَ "، فَقَالَ لَهُ ابْنُ عُمَرَ: فَمَا يَمْنَعُكَ يَا أَمِيرَ الْمُؤْمِنِينَ؟ قَالَ: " أَكْرَهُ أَنْ أَتَحَمَّلَهَا حَيًّا وَمَيِّتًا "، ثُمَّ دَخَلَ عَلَيْهِ كَعْبٌ فَقَالَ: (الْحَقُّ مِنْ رَبِّكَ فَلا تَكُونَنَّ مِنَ الْمُمْتَرِينَ)، قَدْ أَنْبَأْتُكَ أَنَّكَ شَهِيدٌ فَقُلْتَ: مِنْ أَيْنَ لِي بِالشَّهَادَةِ وَأَنَا فِي جَزِيرَةِ الْعَرَبِ؟!

43. قال ابن أبي شيبة في مصنفه: حَدَّثَنَا مُحَمَّدُ بْنُ بِشْرٍ، حَدَّثَنَا مُحَمَّدُ بْنُ عَمْرٍو، حَدَّثَنَا أَبُو سَلَمَةَ، وَيَحْيَى بْنُ عَبْدِ الرَّحْمَنِ بْنِ حَاطِبٍ، وَأَشْيَاخٌ، قَالُوا: رَأَى عُمَرُ بْنُ الْخَطَّابِ فِي الْمَنَامِ، فَقَالَ: " رَأَيْتُ دِيكًا أَحْمَرَ نَقَرَنِي ثَلاثَ نَقَرَاتٍ بَيْنَ الثُّنَّةِ وَالسُّرَّةِ "، قَالَتْ أَسْمَاءُ بِنْتُ عُمَيْسٍ أُمُّ عَبْدِ اللَّهِ بْنِ جَعْفَرٍ: قُولُوا لَهُ فَلْيُوصِ. وَكَانَتْ تُعَبِّرُ الرُّؤْيَا، فَلا أَدْرِي أَبَلَغَهُ ذَلِكَ أَمْ لا.

فَجَاءَهُ أَبُو لُؤْلُؤَةَ الْكَافِرُ الْمَجُوسِيُّ عَبْدُ الْمُغِيرَةِ بْنُ شُعْبَةَ، فَقَالَ: إِنَّ الْمُغِيرَةَ قَدْ جَعَلَ عَلَيَّ مِنَ الْخَرَاجِ مَا لا أُطِيقُ. قَالَ: " كَمْ جَعَلَ عَلَيْكَ؟ " قَالَ: كَذَا وَكَذَا، قَالَ: " وَمَا عَمَلُكَ؟ " قَالَ: أُجَوِّبُ الأَرْجَاءَ. قَالَ: " وَمَا ذَاكَ عَلَيْكَ بِكَثِيرٍ، لَيْسَ

بِأَرْضِنَا أَحَدٌ يَعْمَلُهَا غَيْرُكَ، أَلَا تَصْنَعُ لِي رَحًى ؟ " قَالَ: بَلَى، وَاللَّهِ لَأَجْعَلَنَّ لَكَ رَحًى يَسْمَعُ بِهَا أَهْلُ الْآفَاقِ.

فَخَرَجَ عُمَرُ إِلَى الْحَجِّ. فَلَمَّا صَدَرَ اضْطَجَعَ بِالْمُحَصَّبِ، وَجَعَلَ رِدَاءَهُ تَحْتَ رَأْسِهِ، فَنَظَرَ إِلَى الْقَمَرِ فَأَعْجَبَهُ اسْتِوَاؤُهُ وَحُسْنُهُ، فَقَالَ: بَدَأَ ضَعِيفًا، ثُمَّ لَمْ يَزَلِ اللَّهُ يَزِيدُهُ وَيُنْمِيهِ حَتَّى اسْتَوَى، فَكَانَ أَحْسَنَ مَا كَانَ، ثُمَّ هُوَ يَنْقُصُ حَتَّى يَرْجِعَ كَمَا كَانَ، وَكَذَلِكَ الْخَلْقُ كُلُّهُ، ثُمَّ رَفَعَ يَدَيْهِ، فَقَالَ: اللَّهُمَّ إِنَّ رَعِيَّتِي قَدْ كَثُرَتْ وَانْتَشَرَتْ، فَاقْبِضْنِي إِلَيْكَ غَيْرَ عَاجِزٍ، وَلاَ مُضَيِّعٍ.

فَصَدَرَ إِلَى الْمَدِينَةِ، فَذُكِرَ لَهُ أَنَّ امْرَأَةً مِنَ الْمُسْلِمِينَ مَاتَتْ بِالْبَيْدَاءِ، مَطْرُوحَةً عَلَى الأَرْضِ، يَمُرُّ بِهَا النَّاسُ لاَ يُكَفِّنُهَا أَحَد، وَلاَ يُوَارِيهَا أَحَدٌ، حَتَّى مَرَّ بِهَا كُلَيْبُ بْنُ الْبُكَيْرِ اللَّيْثِي، فَأَقَامَ عَلَيْهَا، حَتَّى كَفَّنَهَا وَوَارَاهَا، فَذُكِرَ ذَلِكَ لِعُمَرَ، فَقَالَ: مَنْ مَرَّ عَلَيْهَا مِنَ الْمُسْلِمِينَ ؟ فَقَالُوا: لَقَدْ مَرَّ عَلَيْهَا عَبْدُ اللهِ بْنُ عُمَرَ، فِيمَنْ مَرَّ عَلَيْهَا مِنَ الْمُسْلِمِينَ، فَدَعَاهُ، وَقَالَ: وَيْحَكَ، مَرَرْتَ عَلَى امْرَأَةٍ مِنَ الْمُسْلِمِينَ مَطْرُوحَةً عَلَى ظَهْرِ الطَّرِيقِ، فَلَمْ تُوَارِهَا وَلَمْ تُكَفِّنْهَا ؟ قَالَ: مَا شَعَرْتُ بِهَا، وَلاَ ذَكَرَهَا لِي أَحَدٌ، فَقَالَ: لَقَدْ خَشِيتُ أَنْ لاَ يَكُونَ فِيكَ خَيْرٌ، فَقَالَ: مَنْ وَارَاهَا وَمَنْ كَفَّنَهَا ؟ قَالَوا: كُلَيْبُ بْنُ بُكَيْرٍ اللَّيْثِيُّ، قَالَ: وَاللهِ لَحَرِيٌّ أَنْ يُصِيبَ كُلَيْبٌ خَيْرًا.

فَخَرَجَ عُمَرُ يُوقِظُ النَّاسَ بِدِرَّتِهِ لِصَلاَةِ الصُّبْحِ، فَلَقِيَهُ الْكَافِرُ أَبُو لُؤْلُؤَةَ، فَطَعَنَهُ ثَلاَثَ طَعَنَاتٍ بَيْنَ الثَّنِيَّةِ وَالسُّرَّةِ، وَطَعَنَ كُلَيْبَ بْنَ بُكَيْرٍ فَأَجْهَزَ عَلَيْهِ، وَتَصَايَحَ النَّاسُ، فَرَمَى رَجُلٌ عَلَى رَأْسِهِ بِبُرْنُسٍ، ثُمَّ اضْطَبَعَهُ إِلَيْهِ، وَحُمِلَ عُمَرُ إِلَى الدَّارِ، فَصَلَّى عَبْدُ الرَّحْمَنِ بْنُ عَوْفٍ بِالنَّاسِ.

وَقِيلَ لِعُمَرَ: الصَّلاَةُ فَصَلَّى وَجُرْحُهُ يَثْعَبُ، وَقَالَ: لاَ حَظَّ فِي الإِسْلاَمِ لِمَنْ لاَ صَلاَةَ لَهُ، فَصَلَّى وَدَمُهُ يَثْعَبُ، ثُمَّ انْصَرَفَ النَّاسُ عَلَيْهِ، فَقَالُوا: يَا أَمِيرَ الْمُؤْمِنِينَ، إِنَّهُ لَيْسَ بِكَ بَأْسٌ، وَإِنَّا لَنَرْجُو أَنْ يُنْسِئَ اللَّهُ فِي أَثَرِكَ، وَيُؤَخِّرَكَ إِلَى حِينٍ، أَوْ إِلَى خَيْرٍ.

فَدَخَلَ عَلَيْهِ ابْنُ عَبَّاسٍ ، وَكَانَ يُعْجَبُ بِهِ ، فَقَالَ : اخْرُجْ ، فَانْظُرْ مَنْ صَاحِبِي ؟ ثُمَّ خَرَجَ فَجَاءَ ، فَقَالَ : أَبْشِرْ يَا أَمِيرَ الْمُؤْمِنِينَ ، صَاحِبُك أَبُو لُؤْلُؤَةَ الْمَجُوسِيُّ ، غُلاَمُ الْمُغِيرَةِ بْنِ شُعْبَةَ ، فَكَبَّرَ حَتَّى خَرَجَ صَوْتُهُ مِن الْبَابِ ، ثُمّ قالَ : الْحَمْدُ لِلَّهِ الَّذِي لَمْ يَجْعَلْهُ رَجُلاً مِنَ الْمُسْلِمِينَ ، يُحَاجُّنِي بِسَجْدَةٍ سَجَدَهَا لِلَّهِ يَوْمَ الْقِيَامَةِ ، ثُمَّ أَقْبَلَ عَلَى الْقَوْمِ ، فَقَالَ : أَكَانَ هَذَا عَنْ مَلأٍ مِنْكُمْ ؟ فَقَالُوا : مَعَاذَ اللهِ ، وَاللهِ لَوَدِدْنَا أَنَّا فَدَيْنَاك بِآبَائِنَا ، وَزِدْنَا فِي عُمْرِكَ مِنْ أَعْمَارِنَا ، إِنَّهُ لَيْسَ بِكَ بَأْسٌ.

قَالَ : أَيْ يَرْفَأُ وَيْحَك ، اسْقِنِي ، فَجَاءَهُ بِقَدَحٍ فِيهِ نَبِيذٌ حُلْوٌ فَشَرِبَهُ ، فَأَلْصَقَ رِدَاءَهُ بِبَطْنِهِ ، قَالَ : فَلَمَّا وَقَعَ الشَّرَابُ فِي بَطْنِهِ خَرَجَ مِنَ الطَّعَنَاتِ ، قَالُوا : الْحَمْدُ لِلَّهِ ، هَذَا دَمٌ اسْتَكَنَ فِي جَوْفِكَ ، فَأَخْرَجَهُ اللَّهُ مِنْ جَوْفِكَ ، قَالَ : أَيْ يَرْفَأُ ، وَيْحَك اسْقِنِي لَبَنًا ، فَجَاءَ بِلَبَنٍ فَشَرِبَهُ ، فَلَمَّا وَقَعَ فِي جَوْفِهِ خَرَجَ مِنَ الطَّعَنَاتِ ، فَلَمَّا رَأَوْا ذَلِكَ عَلِمُوا أَنَّهُ هَالِكٌ.

قَالُوا : جَزَاك اللَّهُ خَيْرًا ، قَدْ كُنْتَ تَعْمَلُ فِينَا بِكِتَابِ اللهِ ، وَتَتَّبِعُ سُنَّةَ صَاحِبَيْك، لاَ تَعْدِلُ عَنْهَا إِلَى غَيْرِهَا ، جَزَاك اللهُ أَحْسَنَ الْجَزَاءِ ، قَالَ : بِالإِمَارَةِ تَغْبِطُونَنِي فَوَاللهِ لَوَدِدْتُ أَنِّي أَنْجُو مِنْهَا كَفَافًا لاَ عَلَيَّ ، وَلاَ لِي ، قُومُوا فَتَشَاوَرُوا فِي أَمْرِكُمْ ، أَمِّرُوا عَلَيْكُمْ رَجُلاً مِنْكُمْ ، فَمَنْ خَالَفَهُ فَاضْرِبُوا رَأْسَهُ.

قَالَ : فَقَامُوا ، وَعَبْدُ اللهِ بْنُ عُمَرَ مُسْنِدُهُ إِلَى صَدْرِهِ ، فَقَالَ عَبْدُ اللهِ : أَتُؤَمِّرُونَ وَأَمِيرُ الْمُؤْمِنِينَ حَيٌّ ؟ فَقَالَ عُمَرُ : لاَ ، وَلِيُصَلِّ صُهَيْبٌ ثَلاَثًا ، وَانْتَظِرُوا طَلْحَةَ ، وَتَشَاوَرُوا فِي أَمْرِكُمْ ، فَأَمِّرُوا عَلَيْكُمْ رَجُلاً مِنْكُمْ ، فَإِنْ خَالَفَكُمْ فَاضْرِبُوا رَأْسَهُ.

قَالَ : اذْهَبْ إِلَى عَائِشَةَ ، فَاقْرَأْ عَلَيْهَا مِنِّي السَّلاَمَ ، وَقُلْ : إِنَّ عُمَرَ يَقُولُ : إِنْ كَانَ ذَلِكَ لاَ يَضُرُّ بِكِ ، وَلاَ يَضِيقُ عَلَيْكِ ، فَإِنِّي أُحِبُّ أَنْ أُدْفَنَ مَعَ صَاحِبَي ، وَإِنْ كَانَ يَضُرُّ بِكِ وَيَضِيقُ عَلَيْكِ ، فَلَعَمْرِي لَقَدْ دُفِنَ فِي هَذَا الْبَقِيعِ مِنْ أَصْحَابِ رَسُولِ اللهِ ﷺ وَأُمَّهَاتِ الْمُؤْمِنِينَ مَنْ هُوَ خَيْرٌ مِنْ عُمَرَ.

فَجَاءَهَا الرَّسُولُ ، فَقَالَتْ : إِنَّ ذَلِكَ لاَ يَضُرُّ ، وَلاَ يَضِيقُ عَلَيَّ ، قَالَ : فَادْفِنُونِي مَعَهُمَا ، قَالَ عَبْدُ اللهِ بْنُ عُمَرَ : فَجَعَلَ الْمَوْتُ يَغْشَاهُ ، وَأَنَا أُمْسِكُهُ إِلَى صَدْرِي، قَالَ : وَيْحَك ضَعْ رَأْسِي بِالأَرْضِ ، قَالَ : فَأَخَذَتْهُ غَشْيَةٌ ، فَوَجَدْتُ مِنْ ذَلِكَ ، فَأَفَاقَ ، فَقَالَ : وَيْحَك ، ضَعْ رَأْسِي بِالأَرْضِ ، فَوَضَعْتُ رَأْسَهُ بِالأَرْضِ ، فَعَفَّرَهُ بِالتُّرَابِ ، فَقَالَ : وَيْلُ عُمَرَ ، وَوَيْلُ أُمِّهِ إِنْ لَمْ يَغْفِرَ اللَّهُ لَهُ.

قَالَ مُحَمَّدُ بْنُ عَمْرٍو : وَأَهْلُ الشُّورَى : عَلِيٌّ ، وَعُثْمَان ، وَطَلْحَةُ ، وَالزُّبَيْرُ ، وَسَعْدٌ، وَعَبْدُ الرَّحْمَن بْنُ عَوْفٍ.

44.روى عبد الرزاق في مصنفه، عَنْ مَعْمَرٍ، عَنِ الزُّهْرِيِّ، قَالَ: " كَانَ عُمَرُ بْنُ الْخَطَّابِ لا يَتْرُكُ أَحَدًا مِنَ الْعَجَمِ يَدْخُلُ الْمَدِينَةَ، فَكَتَبَ الْمُغِيرَةُ بْنُ شُعْبَةَ إِلَى عُمَرَ أَنَّ عِنْدِي غُلامًا نَجَّارًا نَقَّاشًا حَدَّادًا، فِيهِ مَنَافِعُ لأَهْلِ الْمَدِينَةِ، فَإِنْ رَأَيْتَ أَنْ تَأْذَنَ لِي أَنْ أُرْسِلَ بِهِ فَعَلْتُ، فَأَذِنَ لَهُ، وَكَانَ قَدْ جَعَلَ عَلَيْهِ كُلَّ يَوْمٍ دِرْهَمَيْنِ، وَكَانَ يُدْعَى أَبَا لُؤْلُؤَةَ، وَكَانَ مَجُوسِيًّا فِي أَصْلِهِ، فَلَبِثَ مَا شَاءَ اللَّهُ.

ثُمَّ إِنَّهُ أَتَى عُمَرَ يَشْكُو إِلَيْهِ كَثْرَةَ خَرَاجِهِ، فَقَالَ لَهُ عُمَرُ: مَا تُحْسِنُ مِنَ الأَعْمَالِ؟ قَالَ: نَجَّارٌ نَقَّاشٌ حَدَّادٌ، فَقَالَ عُمَرُ: مَا خَرَاجُكَ بِكَبِيرٍ فِي كُنْهِ مَا تُحْسِنُ مِنَ الأَعْمَالِ، قَالَ: فَمَضَى وَهُوَ يَتَذَمَّرُ، ثُمَّ مَرَّ بِعُمَرَ وَهُوَ قَاعِدٌ، فَقَالَ: أَلَمْ أُحَدَّثْ أَنَّكَ تَقُولُ: لَوْ شِئْتُ أَنْ أَصْنَعَ رَحًى تَطْحَنُ بِالرِّيحِ فَعَلْتُ؟ فَقَالَ أَبُو لُؤْلُؤَةَ: لأَصْنَعَنَّ رَحًى يَتَحَدَّثُ بِهَا النَّاسُ، قَالَ: وَمَضَى أَبُو لُؤْلُؤَةَ، فَقَالَ عُمَرُ: أَمَّا الْعَبْدُ، فَقَدْ أَوْعَدَنِي آنِفًا.

فَلَمَّا أَزْمَعَ بِالَّذِي أَزْمَعَ بِهِ، أَخَذَ خِنْجَرًا فَاشْتَمَلَ عَلَيْهِ، ثُمَّ قَعَدَ لِعُمَرَ فِي زَاوِيَةٍ مِنْ زَوَايَا الْمَسْجِدِ، وَكَانَ عُمَرُ يَخْرُجُ بِالسَّحَرِ فَيُوقِظُ النَّاسَ بِالصَّلاةِ، فَمَرَّ بِهِ فَثَارَ إِلَيْهِ فَطَعَنَهُ ثَلاثَ طَعَنَاتٍ: إِحْدَاهُنَّ تَحْتَ سُرَّتِهِ، وَهِيَ الَّتِي قَتَلَتْهُ، وَطَعَنَ اثْنَيْ عَشَرَ رَجُلا مِنْ أَهْلِ الْمَسْجِدِ، فَمَاتَ مِنْهُمْ سِتَّةٌ، وَبَقِيَ مِنْهُمْ سِتَّةٌ، ثُمَّ نَحَرَ نَفْسَهُ بِخِنْجَرِهِ فَمَاتَ.

قَالَ مَعْمَرٌ: وَسَمِعْتُ غَيْرَ الزُّهْرِيِّ، يَقُولُ: أَلْقَى رَجُلٌ مِنْ أَهْلِ الْعِرَاقِ عَلَيْهِ بُرْنُسًا، فَلَمَّا أَنِ اغْتَمَّ فِيهِ نَحَرَ نَفْسَهُ.

قَالَ مَعْمَرٌ: قَالَ: فَلَمَّا خَشِيَ عُمَرُ النَّزْفَ، قَالَ: لِيُصَلِّ بِالنَّاسِ عَبْدُ الرَّحْمَنِ بْنُ عَوْفٍ، قَالَ الزُّهْرِيُّ: فَأَخْبَرَنِي عَبْدُ اللَّهِ بْنُ عَبَّاسٍ، قَالَ: فَاحْتَمَلْنَا عُمَرَ أَنَا وَنَفَرٌ مِنَ الْأَنْصَارِ حَتَّى أَدْخَلْنَاهُ مَنْزِلَهُ، فَلَمْ يَزَلْ فِي عَشِيَّةٍ وَاحِدَةٍ حَتَّى أَسْفَرَ، فَقَالَ رَجُلٌ: إِنَّكُمْ لَنْ تُفْزِعُوهُ بِشَيْءٍ إِلَّا بِالصَّلَاةِ، قَالَ: فَقُلْنَا: الصَّلَاةَ يَا أَمِيرَ الْمُؤْمِنِينَ، قَالَ: فَفَتَحَ عَيْنَيْهِ، ثُمَّ قَالَ: أَصَلَّى النَّاسُ؟ قُلْنَا: نَعَمْ، قَالَ: أَمَا إِنَّهُ لَا حَظَّ فِي الْإِسْلَامِ لِأَحَدٍ تَرَكَ الصَّلَاةَ – قَالَ: وَرُبَّمَا، قَالَ مَعْمَرٌ: أَضَاعَ الصَّلَاةَ – ثُمَّ صَلَّى وَجُرْحُهُ يَثْعَبُ دَمًا.

قَالَ ابْنُ عَبَّاسٍ: ثُمَّ قَالَ لِي عُمَرُ: اخْرُجْ فَاسْأَلِ النَّاسَ مَنْ طَعَنَنِي؟ فَانْطَلَقْتُ فَإِذَا النَّاسُ مُجْتَمِعُونَ، فَقُلْتُ: مَنْ طَعَنَ أَمِيرَ الْمُؤْمِنِينَ؟ فَقَالُوا: طَعَنَهُ أَبُو لُؤْلُؤَةَ عَدُوُّ اللَّهِ غُلَامُ الْمُغِيرَةِ بْنِ شُعْبَةَ، فَرَجَعْتُ إِلَى عُمَرَ وَهُوَ يَسْتَأْنِي أَنْ آتِيَهُ بِالْخَبَرِ، فَقُلْتُ: يَا أَمِيرَ الْمُؤْمِنِينَ ! طَعَنَكَ عَدُوُّ اللَّهِ أَبُو لُؤْلُؤَةَ، فَقَالَ عُمَرُ: اللَّهُ أَكْبَرُ، الْحَمْدُ لِلَّهِ الَّذِي لَمْ يَجْعَلْ قَاتِلِي يُخَاصِمُنِي يَوْمَ الْقِيَامَةِ فِي سَجْدَةٍ سَجَدَهَا لِلَّهِ، قَدْ كُنْتُ أَظُنُّ أَنَّ الْعَرَبَ لَنْ يَقْتُلَنِي.

ثُمَّ أَتَاهُ طَبِيبٌ فَسَقَاهُ نَبِيذًا فَخَرَجَ مِنْهُ، فَقَالَ النَّاسُ: هَذِهِ حُمْرَةُ الدَّمِ، ثُمَّ جَاءَهُ آخَرُ، فَسَقَاهُ لَبَنًا فَخَرَجَ اللَّبَنُ يَصْلِدُ، فَقَالَ لَهُ الَّذِي سَقَاهُ اللَّبَنَ: اعْهَدْ عَهْدَكَ يَا أَمِيرَ الْمُؤْمِنِينَ، فَقَالَ عُمَرُ: صَدَقَنِي أَخُو بَنِي مُعَاوِيَةَ."

45. قَالَ الطَّبَرِيُّ فِي تَارِيخِهِ: حَدَّثَنِي سَلْمُ بْنُ جُنَادَةَ، قَالَ: حَدَّثَنَا سُلَيْمَانُ بْنُ عَبْدِ الْعَزِيزِ بْنِ أَبِي ثَابِتِ بْنِ عَبْدِ الْعَزِيزِ بْنِ عُمَرَ بْنِ عَبْدِ الرَّحْمَنِ بْنِ عَوْفٍ، قَالَ: حَدَّثَنَا أَبِي، عَنْ عَبْدِ اللَّهِ بْنِ جَعْفَرٍ، عَنْ أَبِيهِ، عَنِ الْمِسْوَرِ بْنِ مَخْرَمَةَ، وَكَانَتْ أُمُّهُ عَاتِكَةُ بِنْتُ عَوْفٍ، قَالَ: خَرَجَ عُمَرُ بْنُ الْخَطَّابِ يَوْمًا يَطُوفُ فِي السُّوقِ، فَلَقِيَهُ أَبُو لُؤْلُؤَةَ غُلَامُ الْمُغِيرَةِ بْنِ شُعْبَةَ، وَكَانَ نَصْرَانِيًّا، فَقَالَ: يَا أَمِيرَ الْمُؤْمِنِينَ أَعِدْنِي عَلَى الْمُغِيرَةِ بْنِ شُعْبَةَ، فَإِنَّ عَلَيَّ خَرَاجًا كَثِيرًا. قَالَ: وَكَمْ خَرَاجُكَ؟ قَالَ:

دِرْهَمَانِ فِي كُلِّ يَوْمٍ. قَالَ: وَأَيْشِ صِنَاعَتُكَ؟ قَالَ: نَجَّارٌ نَقَّاشٌ حَدَّادٌ. قَالَ: فَمَا أَرَى خَرَاجَكَ بِكَثِيرٍ عَلَى مَا تَصْنَعُ مِنَ الْأَعْمَالِ، قَدْ بَلَغَنِي أَنَّكَ تَقُولُ: لَوْ أَرَدْتُ أَنْ أَعْمَلَ رَحًى تَطْحَنُ بِالرِّيحِ فَعَلْتُ. قَالَ: نَعَمْ. قَالَ: فَاعْمَلْ لِي رَحًى. قَالَ: لَئِنْ سَلِمْتُ لَأَعْمَلَنَّ لَكَ رَحًى يَتَحَدَّثُ بِهَا مَنْ بِالْمَشْرِقِ وَالْمَغْرِبِ، ثُمَّ انْصَرَفَ عَنْهُ.

فَقَالَ عُمَرُ رَضِيَ اللّٰهُ تَعَالَى عَنْهُ: لَقَدْ تَوَعَّدَنِي الْعَبْدُ آنِفًا. قَالَ: ثُمَّ انْصَرَفَ عُمَرُ إِلَى مَنْزِلِهِ، فَلَمَّا كَانَ مِنَ الْغَدِ جَاءَهُ كَعْبُ الْأَحْبَارِ. فَقَالَ لَهُ: يَا أَمِيرَ الْمُؤْمِنِينَ اعْهَدْ، فَإِنَّكَ مَيِّتٌ فِي ثَلَاثَةِ أَيَّامٍ، قَالَ: وَمَا يُدْرِيكَ؟ قَالَ: أَجِدُهُ فِي كِتَابِ اللّٰهِ التَّوْرَاةِ. قَالَ عُمَرُ: آللّٰهِ! إِنَّكَ لَتَجِدُ عُمَرَ بْنَ الْخَطَّابِ فِي التَّوْرَاةِ! قَالَ: اللّٰهُمَّ لَا، وَلَكِنِّي أَجِدُ صِفَتَكَ وَحِلْيَتَكَ، وَأَنَّهُ قَدْ فَنَى أَجَلُكَ، قَالَ: وَعُمَرُ لَا يُحِسُّ وَجَعًا وَلَا أَلَمًا.

فَلَمَّا كَانَ مِنَ الْغَدِ جَاءَهُ كَعْبٌ، فَقَالَ: يَا أَمِيرَ الْمُؤْمِنِينَ ذَهَبَ يَوْمٌ وَبَقِيَ يَوْمَانِ. قَالَ: ثُمَّ جَاءَهُ مِنْ غَدِ الْغَدِ. فَقَالَ: ذَهَبَ يَوْمَانِ وَبَقِيَ يَوْمٌ وَلَيْلَةٌ، وَهِيَ لَكَ إِلَى صَبِيحَتِهَا. قَالَ: فَلَمَّا كَانَ الصُّبْحُ، خَرَجَ عُمَرُ إِلَى الصَّلَاةِ، وَكَانَ يُوَكِّلُ بِالصُّفُوفِ رِجَالًا، فَإِذَا اسْتَوَتْ جَاءَ هُوَ فَكَبَّرَ. قَالَ: وَدَخَلَ أَبُو لُؤْلُؤَةَ فِي النَّاسِ فِي يَدِهِ خِنْجَرٌ لَهُ رَأْسَانِ، نِصَابُهُ فِي وَسَطِهِ، فَضَرَبَ عُمَرَ سِتَّ ضَرَبَاتٍ، إِحْدَاهُنَّ تَحْتَ سُرَّتِهِ وَهِيَ الَّتِي قَتَلَتْهُ، وَقَتَلَ مَعَهُ كُلَيْبَ بْنَ أَبِي الْبُكَيْرِ اللَّيْثِيَّ، وَكَانَ خَلْفَهُ.

فَلَمَّا وَجَدَ عُمَرُ حَرَّ السِّلَاحِ سَقَطَ، وَقَالَ: أَفِي النَّاسِ عَبْدُ الرَّحْمَنِ بْنُ عَوْفٍ؟ قَالُوا: نَعَمْ يَا أَمِيرَ الْمُؤْمِنِينَ هُوَ ذَا. قَالَ: تَقَدَّمْ فَصَلِّ بِالنَّاسِ. قَالَ: فَصَلَّى عَبْدُ الرَّحْمَنِ بْنُ عَوْفٍ، وَعُمَرُ طَرِيحٌ، ثُمَّ احْتُمِلَ فَأُدْخِلَ دَارَهُ، فَدَعَا عَبْدَ الرَّحْمَنِ بْنَ عَوْفٍ، فَقَالَ: إِنِّي أُرِيدُ أَنْ أَعْهَدَ إِلَيْكَ. فَقَالَ: يَا أَمِيرَ الْمُؤْمِنِينَ نَعَمْ إِنْ أَشَرْتَ عَلَيَّ قَبِلْتُ مِنْكَ. قَالَ: وَمَا تُرِيدُ؟ قَالَ: أَنْشُدُكَ اللّٰهَ أَتُشِيرُ عَلَيَّ بِذَلِكَ. قَالَ: اللّٰهُمَّ لَا قَالَ: وَاللّٰهِ لَا أَدْخُلُ فِيهِ أَبَدًا. قَالَ: فَهَبْ لِي صَمْتًا، حَتَّى أَعْهَدَ إِلَى النَّفَرِ الَّذِي تُوُفِّيَ رَسُولُ اللّٰهِ ﷺ وَهُوَ عَنْهُمْ رَاضٍ، ادْعُ لِي عَلِيًّا وَعُثْمَانَ وَالزُّبَيْرَ وَسَعْدًا. قَالَ: وَانْتَظِرُوا أَخَاكُمْ طَلْحَةَ ثَلَاثًا، فَإِنْ جَاءَ وَإِلَّا فَاقْضُوا أَمْرَكُمْ.

أَنْشُدُكَ اللَّهَ يَا عَلِيُّ إِنْ وَلِيتَ مِنْ أُمُورِ النَّاسِ شَيْئًا، أَنْ تَحْمِلَ بَنِي هَاشِمٍ عَلَى رِقَابِ النَّاسِ، أَنْشُدُكَ اللَّهَ يَا عُثْمَانُ إِنْ وَلِيتَ مِنْ أُمُورِ النَّاسِ شَيْئًا أَنْ تَحْمِلَ بَنِي أَبِي مُعَيْطٍ عَلَى رِقَابِ النَّاسِ، أَنْشُدُكَ اللَّهَ يَا سَعْدُ إِنْ وَلِيتَ مِنْ أُمُورِ النَّاسِ شَيْئًا أَنْ تَحْمِلَ أَقَارِبَكَ عَلَى رِقَابِ النَّاسِ، قُومُوا فَتَشَاوَرُوا ثُمَّ اقْضُوا أَمْرَكُمْ، وَلْيُصَلِّ بِالنَّاسِ صُهَيْبٌ. ثُمَّ دَعَا أَبَا طَلْحَةَ الأَنْصَارِيَّ، فَقَالَ: قُمْ عَلَى بَابِهِمْ فَلا تَدَعْ أَحَدًا يَدْخُلُ إِلَيْهِمْ.

وَأُوصِي الْخَلِيفَةَ مِنْ بَعْدِي بِالأَنْصَارِ الَّذِينَ تَبَوَّءُوا الدَّارَ وَالإِيمَانَ، أَنْ يُحْسِنَ إِلَى مُحْسِنِهِمْ، وَأَنْ يَعْفُوَ عَنْ مُسِيئِهِمْ، وَأُوصِي الْخَلِيفَةَ مِنْ بَعْدِي بِالْعَرَبِ، فَإِنَّهَا مَادَّةُ الإِسْلامِ، أَنْ يُؤْخَذَ مِنْ صَدَقَاتِهِمْ حَقُّهَا، فَتُوضَعَ فِي فُقَرَائِهِمْ، وَأُوصِي الْخَلِيفَةَ مِنْ بَعْدِي بِذِمَّةِ رَسُولِ اللَّهِ ﷺ أَنْ يُوَفِّيَ لَهُمْ بِعَهْدِهِمْ، اللَّهُمَّ هَلْ بَلَّغْتُ.

تَرَكْتُ الْخَلِيفَةَ مِنْ بَعْدِي عَلَى أَنْقَى مِنَ الرَّاحَةِ يَا عَبْدَ اللَّهِ بْنَ عُمَرَ، اخْرُجْ فَانْظُرْ مَنْ قَتَلَنِي؟ فَقَالَ: يَا أَمِيرَ الْمُؤْمِنِينَ قَتَلَكَ أَبُو لُؤْلُؤَةَ غُلامُ الْمُغِيرَةِ بْنِ شُعْبَةَ. قَالَ: الْحَمْدُ لِلَّهِ الَّذِي لَمْ يَجْعَلْ مَنِيَّتِي بِيَدِ رَجُلٍ سَجَدَ لِلَّهِ سَجْدَةً وَاحِدَةً.

يَا عَبْدَ اللَّهِ بْنَ عُمَرَ اذْهَبْ إِلَى عَائِشَةَ، فَسَلْهَا أَنْ تَأْذَنَ لِي أَنْ أُدْفَنَ مَعَ النَّبِيِّ ﷺ وَأَبِي بَكْرٍ، يَا عَبْدَ اللَّهِ بْنَ عُمَرَ إِنِ اخْتَلَفَ الْقَوْمُ فَكُنْ مَعَ الأَكْثَرِ، وَإِنْ كَانُوا ثَلاثَةً وَثَلاثَةً فَاتْبَعِ الْحِزْبَ الَّذِي فِيهِ عَبْدُ الرَّحْمَنِ، يَا عَبْدَ اللَّهِ ائْذَنْ لِلنَّاسِ. قَالَ: فَجَعَلَ يُدْخِلُ عَلَيْهِ الْمُهَاجِرُونَ وَالأَنْصَارُ فَيُسَلِّمُونَ عَلَيْهِ. وَيَقُولُ لَهُمْ: أَعَنْ مَلإٍ مِنْكُمْ كَانَ هَذَا؟ فَيَقُولُونَ: مَعَاذَ اللَّهِ. قَالَ: وَدَخَلَ فِي النَّاسِ كَعْبٌ، فَلَمَّا نَظَرَ إِلَيْهِ عُمَرُ، أَنْشَأَ يَقُولُ:

فَأَوْعَدَنِي كَعْبٌ ثَلاثًا أُعِدُّهَا ... وَلا شَكَّ أَنَّ الْقَوْلَ مَا قَالَ لِي كَعْبُ
وَمَا بِي حِذَارُ الْمَوْتِ إِنِّي لَمَيِّتٌ ... وَلَكِنْ حِذَارُ الذَّنْبِ يَتْبَعُهُ الذَّنْبُ

قَالَ: فَقِيلَ لَهُ: يَا أَمِيرَ الْمُؤْمِنِينَ لَوْ دَعَوْتَ الطَّبِيبَ. قَالَ: فَدُعِيَ طَبِيبٌ مِنْ بَنِي الْحَارِثِ بْنِ كَعْبٍ، فَسَقَاهُ نَبِيذًا، فَخَرَجَ النَّبِيذُ مُشْكِلا. قَالَ: فَاسْقُوهُ لَبَنًا، قَالَ: فَخَرَجَ اللَّبَنُ أَبْيَضَ، فَقِيلَ لَهُ: يَا أَمِيرَ الْمُؤْمِنِينَ اعْهَدْ. قَالَ: قَدْ فَرَغْتُ.

قَالَ: ثُمَّ تُوُفِّيَ لَيْلَةَ الأَرْبِعَاءِ لِثَلاثِ لَيَالٍ بَقِينَ مِنْ ذِي الْحِجَّةِ سَنَةَ ثَلاثٍ وَعِشْرِينَ، قَالَ: فَخَرَجُوا بِهِ بُكْرَةَ يَوْمِ الأَرْبِعَاءِ، فَدُفِنَ فِي بَيْتِ عَائِشَةَ مَعَ النَّبِيِّ ﷺ وَأَبِي بَكْرٍ، قَالَ: وَتَقَدَّمَ صُهَيْبٌ فَصَلَّى عَلَيْهِ، وَتَقَدَّمَ قَبْلَ ذَلِكَ رَجُلانِ مِنْ أَصْحَابِ رَسُولِ اللَّهِ ﷺ عَلِيٌّ وَعُثْمَانُ، قَالَ: فَتَقَدَّمَ وَاحِدٌ مِنْ عِنْدِ رَأْسِهِ وَالآخَرُ مِنْ عِنْدِ رِجْلَيْهِ، فَقَالَ عَبْدُ الرَّحْمَنِ: لا إِلَهَ إِلا اللَّهُ ! مَا أَحْرَصَكُمَا عَلَى الإِمْرَةِ، أَمَا عَلِمْتُمَا أَنَّ أَمِيرَ الْمُؤْمِنِينَ قَالَ: لِيُصَلِّ بِالنَّاسِ صُهَيْبٌ، فَتَقَدَّمَ صُهَيْبٌ فَصَلَّى عَلَيْهِ. قَالَ: وَنَزَلَ فِي قَبْرِهِ الْخَمْسَةُ. قَالَ أَبُو جَعْفَرٍ: وَقَدْ قِيلَ: إِنَّ وَفَاتَهُ كَانَتْ فِي غُرَّةِ الْمُحَرَّمِ سَنَةَ أَرْبَعٍ وَعِشْرِينَ.

قلت: هذا إسناد مجهول، وفيه أشياء منكرة، ولم أعول على أغلب ما فيه. وإنما أوردته لاشتماله على ذكر صَنْعةِ أبي لؤلؤة وخبر المغيرة بن شعبة مع أمير المؤمنين الموافق لما جاء في خبر الزهري.

أخبار حَجَّة أمير المؤمنين قبل مقتله

46. وقال ابن سعد في «كتاب الطبقات الكبير»: أَخبَرنا مَعنُ بن عيسَى، قالَ: أَخبَرنا مالِكُ بن أَنَسٍ، عَن عَبد الله بن دينارٍ، عَن سَعدٍ الجاريّ مَولَى عُمَر بن الخَطّاب؛ أَنَّ عُمَر بنَ الخَطّاب دَعا أُمَّ كُلثوم بِنتَ عَليّ بن أَبي طالِبٍ، وكانَت تحتَهُ, فَوَجَدَها تَبكي، فَقالَ: ما يُبكيكِ؟ فَقالَت: يا أَميرَ المُؤمِنينَ، هَذا اليَهوديُّ، تَعني كَعبَ الأَحبار يَقول: إِنَّكَ عَلَى بابٍ مِن أَبواب جَهَنَّمَ، فَقالَ عُمَرُ: ما شاءَ الله! والله إِنِّي لأَرجو أَن يَكونَ رَبّي خَلَقَني سَعيدًا، ثُمَّ أَرسَلَ إِلَى كَعبٍ فَدَعاهُ، فَلَمّا جاءَهُ كَعبٌ, قالَ: يا أَميرَ المُؤمِنينَ، لاَ تَعجَل عَلَيَّ، والَّذي نَفسي بيَدِه، لاَ يَنسَلِخُ ذو الحِجَّة حَتى تَدخُلَ الجَنَّةَ، فَقالَ عُمَرُ: أَيُّ شَيءٍ هَذا؟ مَرَّةً في الجَنَّةِ، ومَرَّةً في النّارِ، فَقالَ: يا أَميرَ المُؤمِنينَ, والَّذي نَفسي بيَدِه، إِنّا لَنَجِدُكَ في كِتاب الله عَلَى بابٍ مِن أَبواب جَهَنَّمَ تَمنَعُ النّاسَ أَن يَقَعوا فيها، فَإِذا مِتَّ لَم يَزالوا يَقتَحِمونَ فيها إِلَى يَوم القيامَةِ.

47.قال ابن شبة في «أخبار المدينة»: حَدَّثَنَا أَبُو دَاوُدَ الطَّيَالِسِيُّ، قال: حَدَّثَنَا إِبْرَاهِيمُ بْنُ سَعْدٍ، عَنِ الزُّهْرِيِّ، قَالَ: حَدَّثَنِي مُحَمَّدُ بْنُ جُبَيْرِ بْنِ مُطْعِمٍ، عَنْ أَبِيهِ، قَالَ: حَجَجْنَا مَعَ عُمَرَ بْنِ الْخَطَّابِ رَضِيَ اللَّهُ عَنْهُ آخِرَ حَجَّةٍ حَجَّهَا، فَإِنَّا لَوُقُوفٌ عَلَى جِبَالٍ مِنْ جِبَالِ عَرَفَةَ، إِذْ قَالَ رَجُلٌ: خَلِيفَةُ، فَقَالَ رَجُلٌ مِنْ أَزْدِ شَنُوءَةَ مِنْ لِهْبٍ: وَاللَّهِ لا يَقِفُ عُمَرُ رَضِيَ اللَّهُ عَنْهُ هَذَا الْمَوْقِفَ بَعْدَ الْعَامِ وَكَانُوا قَوْمًا يَعِيفُونَ، قَالَ: وَنَظَرْتُ إِلَيْهِ فَعَرَفْتُهُ سَبَبْتُهُ، فَبَيْنَا هُوَ يَرْمِي الْجِمَارَ إِذْ جَاءَتْ حَصَاةٌ فَفَصَدَتْ فِيهِ عِرْقًا، فَقَالَ رَجُلٌ: أُشْعِرْتُ وَرَبِّ الْكَعْبَةِ، لا وَاللَّهِ لا يَقِفُ عُمَرُ بَعْدَ هَذَا الْعَامِ أَبَدًا، قَالَ: فَنَظَرْتُ فَإِذَا هُوَ اللِّهْبِيُّ الَّذِي قَالَ بِعَرَفَةَ مَا قَالَ."

48.وقال ابن سعد في «كتاب الطبقات الكبير»: أَخْبَرَنَا هِشَامُ بْنُ عَبْدِ الْمَلِكِ أَبُو الْوَلِيدِ الطَّيَالِسِيُّ، قَالَ: أَخْبَرَنَا أَبُو عَوَانَةَ، قَالَ: وَأَخْبَرَنَا عَبْدُ اللَّهِ بْنُ جَعْفَرٍ الرَّقِّيُّ، قَالَ: أَخْبَرَنَا عُبَيْدُ اللَّهِ بْنُ عَمْرٍو، جَمِيعًا عَنْ عَبْدِ الْمَلِكِ بْنِ عُمَيْرٍ، عَنْ رِبْعِيِّ بْنِ حِرَاشٍ، عَنْ حُذَيْفَةَ، قَالَ: كُنْتُ وَاقِفًا مَعَ عُمَرَ بْنِ الْخَطَّابِ بِعَرَفَاتٍ، وَإِنَّ رَاحِلَتِي لَبِجَنْبِ رَاحِلَتِهِ، وَإِنَّ رُكْبَتِي لَتَمَسُّ رُكْبَتَهُ، وَنَحْنُ نَنْتَظِرُ أَنْ تَغْرُبَ الشَّمْسُ فَنَفِيضَ، فَلَمَّا رَأَى تَكْبِيرَ النَّاسِ وَدُعَاءَهُمْ وَمَا يَصْنَعُونَ أَعْجَبَهُ ذَلِكَ.

فَقَالَ: " يَا حُذَيْفَةُ، كَمْ تَرَى هَذَا يَبْقَى لِلنَّاسِ؟ "، فَقُلْتُ: عَلَى الْفِتْنَةِ بَابٌ، فَإِذَا كُسِرَ الْبَابُ أَوْ فُتِحَ خَرَجَتْ، فَفَزِعَ فَقَالَ: " وَمَا ذَلِكَ الْبَابُ، وَمَا كَسْرُ بَابٍ أَوْ فَتْحُهُ؟ "، قُلْتُ: رَجُلٌ يَمُوتُ أَوْ يُقْتَلُ، فَقَالَ: " يَا حُذَيْفَةُ مَنْ تَرَى قَوْمَكَ يُؤَمِّرُونَ بَعْدِي؟ "، قَالَ: قُلْتُ: رَأَيْتُ النَّاسَ قَدْ أَسْنَدُوا أَمْرَهُمْ إِلَى عُثْمَانَ بْنِ عَفَّانَ."

49.وقال مسلم في صحيحه: حَدَّثَنِي مُحَمَّدُ بْنُ الْمُثَنَّى، حَدَّثَنَا الْوَلِيدُ بْنُ مُسْلِمٍ، حَدَّثَنَا عَبْدُ الرَّحْمَنِ بْنُ يَزِيدَ بْنِ جَابِرٍ، حَدَّثَنِي بُسْرُ بْنُ عُبَيْدِ اللهِ الْحَضْرَمِيُّ، أَنَّهُ سَمِعَ أَبَا إِدْرِيسَ الْخَوْلَانِيَّ، يَقُولُ: سَمِعْتُ حُذَيْفَةَ بْنَ الْيَمَانِ، يَقُولُ: كَانَ النَّاسُ يَسْأَلُونَ رَسُولَ اللهِ ﷺ عَنِ الْخَيْرِ، وَكُنْتُ أَسْأَلُهُ عَنِ الشَّرِّ مَخَافَةَ أَنْ يُدْرِكَنِي.

فَقُلْتُ: يَا رَسُولَ اللهِ، إِنَّا كُنَّا فِي جَاهِلِيَّةٍ وَشَرٍّ، فَجَاءَنَا اللهُ بِهَذَا الْخَيْرِ، فَهَلْ بَعْدَ هَذَا الْخَيْرِ شَرٌّ؟ قَالَ: «نَعَمْ»، فَقُلْتُ: هَلْ بَعْدَ ذَلِكَ الشَّرِّ مِنْ خَيْرٍ؟ قَالَ: «نَعَمْ،

وَفِيهِ دَخَنٌ»، قُلْتُ: وَمَا دَخَنُهُ؟ قَالَ: «قَوْمٌ يَسْتَنُّونَ بِغَيْرِ سُنَّتِي، وَيَهْدُونَ بِغَيْرِ هَدْيِي، تَعْرِفُ مِنْهُمْ وَتُنْكِرُ»، فَقُلْتُ: هَلْ بَعْدَ ذَلِكَ الْخَيْرِ مِنْ شَرٍّ؟ قَالَ: «نَعَمْ، دُعَاةٌ عَلَى أَبْوَابِ جَهَنَّمَ مَنْ أَجَابَهُمْ إِلَيْهَا قَذَفُوهُ فِيهَا»، فَقُلْتُ: يَا رَسُولَ اللهِ، صِفْهُمْ لَنَا، قَالَ: «نَعَمْ، قَوْمٌ مِنْ جِلْدَتِنَا، وَيَتَكَلَّمُونَ بِأَلْسِنَتِنَا»، قُلْتُ: يَا رَسُولَ اللهِ، فَمَا تَرَى إِنْ أَدْرَكَنِي ذَلِكَ؟ قَالَ: «تَلْزَمُ جَمَاعَةَ الْمُسْلِمِينَ وَإِمَامَهُمْ»، فَقُلْتُ: فَإِنْ لَمْ تَكُنْ لَهُمْ جَمَاعَةٌ وَلَا إِمَامٌ؟ قَالَ: «فَاعْتَزِلْ تِلْكَ الْفِرَقَ كُلَّهَا، وَلَوْ أَنْ تَعَضَّ عَلَى أَصْلِ شَجَرَةٍ حَتَّى يُدْرِكَكَ الْمَوْتُ وَأَنْتَ عَلَى ذَلِكَ».

50. وروى مالك في «الموطأ»: حَدَّثَنِي مَالِكٌ، عَنْ يَحْيَى بْنِ سَعِيدٍ، عَنْ سَعِيدِ بْنِ الْمُسَيَّبِ، أَنَّهُ سَمِعَهُ يَقُولُ: لَمَّا صَدَرَ عُمَرُ بْنُ الْخَطَّابِ مِنْ مِنًى، أَنَاخَ بِالأَبْطَحِ، ثُمَّ كَوَّمَ كَوْمَةً بَطْحَاءَ، ثُمَّ طَرَحَ عَلَيْهَا رِدَاءَهُ، وَاسْتَلْقَى، ثُمَّ مَدَّ يَدَيْهِ إِلَى السَّمَاءِ، فَقَالَ: اللهُمَّ كَبِرَتْ سِنِّي، وَضَعُفَتْ قُوَّتِي، وَانْتَشَرَتْ رَعِيَّتِي، فَاقْبِضْنِي إِلَيْكَ غَيْرَ مُضَيِّعٍ، وَلاَ مُفَرِّطٍ.

ثُمَّ قَدِمَ الْمَدِينَةَ، فَخَطَبَ النَّاسَ، فَقَالَ: أَيُّهَا النَّاسُ، قَدْ سُنَّتْ لَكُمُ السُّنَنُ، وَفُرِضَتْ لَكُمُ الْفَرَائِضُ، وَتُرِكْتُمْ عَلَى الْوَاضِحَةِ، إِلاَّ أَنْ تَضِلُّوا بِالنَّاسِ يَمِينًا وَشِمَالاً، وَضَرَبَ بِإِحْدَى يَدَيْهِ عَلَى الأُخْرَى، ثُمَّ قَالَ: إِيَّاكُمْ أَنْ تَهْلِكُوا عَنْ آيَةِ الرَّجْمِ، أَنْ يَقُولَ قَائِلٌ: لاَ نَجِدُ حَدَّيْنِ فِي كِتَابِ اللهِ، فَقَدْ رَجَمَ رَسُولُ اللهِ ﷺ، وَرَجَمْنَا، وَالَّذِي نَفْسِي بِيَدِهِ، لَوْلاَ أَنْ يَقُولَ النَّاسُ: زَادَ عُمَرُ بْنُ الْخَطَّابِ فِي كِتَابِ اللهِ تَعَالَى، لَكَتَبْتُهَا، الشَّيْخُ وَالشَّيْخَةُ فَارْجُمُوهُمَا الْبَتَّةَ، فَإِنَّا قَدْ قَرَأْنَاهَا.

51. وقال ابن شبة في «أخبار المدينة»: حَدَّثَنَا سُلَيْمَانُ بْنُ دَاوُدَ الْهَاشِمِيُّ، قَالَ: أَنْبَأَنَا إِبْرَاهِيمُ بْنُ سَعْدٍ، عَنِ الزُّهْرِيِّ، عَنْ إِبْرَاهِيمَ بْنِ عَبْدِ الرَّحْمَنِ بْنِ عَبْدِ اللَّهِ بْنِ أَبِي رَبِيعَةَ، أَنَّهُ حَدَّثَهُ عَنْ أُمِّ كُلْثُومٍ بِنْتِ أَبِي بَكْرٍ الصِّدِّيقِ رَضِيَ اللَّهُ عَنْهُمَا، أَنَّهَا أَخْبَرَتْهَا عَنْ عَائِشَةَ رَضِيَ اللَّهُ عَنْهَا: " أَنَّ عُمَرَ، أَذِنَ لِأَزْوَاجِ النَّبِيِّ ﷺ فَحَجَجْنَ فِي آخِرِ حَجَّةٍ حَجَّهَا عُمَرُ رَضِيَ اللَّهُ عَنْهُ، قَالَتْ: فَلَمَّا ارْتَحَلَ عُمَرُ رَضِيَ اللَّهُ عَنْهُ مِنَ الْحَصْبَةِ مِنْ آخِرِ اللَّيْلِ أَقْبَلَ رَجُلٌ مُتَلَثِّمٌ، وَقَالَ: وَأَنَا أَسْمَعُ:

أَيْنَ كَانَ أَمِيرُ الْمُؤْمِنِينَ نَزَلَ؟ فَقَالَ لَهُ قَائِلٌ، وَأَنَا أَسْمَعُ: هَذَا كَانَ مَنْزِلَهُ فَأَنَاخَ فِي مَنْزِلِ عُمَرَ رَضِيَ اللَّهُ عَنْهُ ثُمَّ رَفَعَ عَقِيرَتَهُ يَتَغَنَّى:

عَلَيْكَ السَّلَامُ مِنْ أَمِيرٍ وَبَارَكَتْ　　يَدُ اللَّهِ فِي ذَاكَ الْأَدِيمِ الْمُمَزَّقِ
فَمَنْ يَجْرِ أَوْ يَرْكَبْ جَنَاحَيْ نَعَامَةٍ　　لِيُدْرِكَ مَا قَدَّمْتَ بِالْأَمْسِ يُسْبَقِ
قَضَيْتَ أُمُورًا ثُمَّ غَادَرْتَ بَعْدَهَا　　فَوَائِحَ فِي أَكْمَامِهَا لَمْ تُفَتَّقِ

قَالَتْ عَائِشَةُ رَضِيَ اللَّهُ عَنْهَا فَقُلْتُ لَهُمْ: اعْلَمُوا عِلْمَ هَذَا الرَّجُلِ، فَذَهَبُوا فَلَمْ يَرَوْا فِي مُنَاخِهِ أَحَدًا، فَكَانَتْ عَائِشَةُ رَضِيَ اللَّهُ عَنْهَا تَقُولُ: إِنِّي لَأَحْسَبُهُ مِنَ الْجِنِّ، فَلَمَّا قُتِلَ عُمَرُ رَضِيَ اللَّهُ عَنْهُ نَحَلَ النَّاسُ هَذِهِ الْأَبْيَاتَ شَمَّاخَ بْنَ ضِرَارٍ، أَوْ جَمَّاعَ بْنَ ضِرَارٍ" – شَكَّ إِبْرَاهِيمُ بْنُ سَعْدٍ.

52. قال أبو الجهم العلاء بن موسى في جزئه: ثَنَا اللَّيْثُ بْنُ سَعْدٍ، عَنْ نَافِعٍ، عَنْ عَبْدِ اللَّهِ، أَنَّهُ قَالَ: " وَجَدَ النَّاسُ وَهُمْ صَادِرُونَ عَنِ الْحَجِّ امْرَأَةً مَيِّتَةً بِالْبَيْدَاءِ يَمُرُّونَ عَلَيْهَا وَلَا يَرْفَعُونَ لَهَا رَأْسًا حَتَّى مَرَّ بِهَا رَجُلٌ مِنْ بَنِي لَيْثٍ يُقَالُ لَهُ: كُلَيْبٌ مِسْكِينٌ، فَأَلْقَى عَلَيْهَا ثَوْبَهُ، ثُمَّ اسْتَعَانَ عَلَيْهَا فَدَفَنَهَا.

فَدَعَى عُمَرُ عَبْدَ اللَّهِ، فَقَالَ: مَرَرْتَ بِهَذِهِ الْمَرْأَةِ الْمَيِّتَةِ؟، فَقَالَ: لَا فَقَالَ عُمَرُ: لَوْ أَخْبَرْتَنِي أَنَّكَ مَرَرْتَ بِهَا لَنَكَّلْتُ بِكَ، ثُمَّ قَامَ عُمَرُ بَيْنَ ظَهْرَانَيِ النَّاسِ، فَتَغَيَّظَ عَلَيْهِمْ فِيهَا، ثُمَّ قَالَ: لَعَلَّ اللَّهَ يُدْخِلُ كُلَيْبًا الْجَنَّةَ بِفِعْلِهِ بِهَا.

53. قال ابن سعد في «كتاب الطبقات الكبير»: أَخْبَرَنَا عَارِمُ بْنُ الْفَضْلِ، قَالَ: أَخْبَرَنَا حَمَّادُ بْنُ سَلَمَةَ، عَنْ ثَابِتٍ الْبُنَانِيِّ، عَنْ أَنَسِ بْنِ مَالِكٍ، عَنْ أَبِي مُوسَى الْأَشْعَرِيِّ، قَالَ: " رَأَيْتُ كَأَنِّي أَخَذْتُ جَوَادًا كَثِيرَةً فَاضْمَحَلَّتْ حَتَّى بَقِيَتْ جَادَّةٌ وَاحِدَةٌ، فَسَلَكْتُهَا حَتَّى انْتَهَيْتُ إِلَى جَبَلٍ، فَإِذَا رَسُولُ اللَّهِ ﷺ فَوْقَهُ، وَإِلَى جَنْبِهِ أَبُو بَكْرٍ وَإِذَا هُوَ يُومِئُ إِلَى عُمَرَ أَنْ تَعَالَ، فَقُلْتُ: إِنَّا لِلَّهِ وَإِنَّا إِلَيْهِ رَاجِعُونَ، مَاتَ وَاللَّهِ أَمِيرُ الْمُؤْمِنِينَ، فَقُلْتُ: أَلَا تَكْتُبُ بِهَذَا إِلَى عُمَرَ؟ فَقَالَ: مَا كُنْتُ لِأَنْعِيَ لَهُ نَفْسَهُ."

أخبار أمير المؤمنين بعد رجوعه إلى المدينة

54. قال مسلم في صحيحه: حَدَّثَنَا مُحَمَّدُ بْنُ الْمُثَنَّى، حَدَّثَنَا يَحْيَى بْنُ سَعِيدٍ، حَدَّثَنَا هِشَامٌ، حَدَّثَنَا قَتَادَةُ، عَنْ سَالِمِ بْنِ أَبِي الْجَعْدِ، عَنْ مَعْدَانَ بْنِ أَبِي طَلْحَةَ، أَنَّ عُمَرَ بْنَ الْخَطَّابِ، خَطَبَ يَوْمَ الْجُمُعَةِ، فَذَكَرَ نَبِيَّ اللَّهِ ﷺ وَذَكَرَ أَبَا بَكْرٍ، قَالَ: إِنِّي رَأَيْتُ كَأَنَّ دِيكًا نَقَرَنِي ثَلَاثَ نَقَرَاتٍ، وَإِنِّي لَا أُرَاهُ إِلَّا حُضُورَ أَجَلِي، وَإِنَّ أَقْوَامًا يَأْمُرُونَنِي أَنْ أَسْتَخْلِفَ، وَإِنَّ اللَّهَ لَمْ يَكُنْ لِيُضَيِّعَ دِينَهُ، وَلَا خِلَافَتَهُ، وَلَا الَّذِي بَعَثَ بِهِ نَبِيَّهُ ﷺ فَإِنْ عَجِلَ بِي أَمْرٌ، فَالْخِلَافَةُ شُورَى بَيْنَ هَؤُلَاءِ السِّتَّةِ، الَّذِينَ تُوُفِّيَ رَسُولُ اللَّهِ ﷺ وَهُوَ عَنْهُمْ رَاضٍ، وَإِنِّي قَدْ عَلِمْتُ أَنَّ أَقْوَامًا يَطْعَنُونَ فِي هَذَا الْأَمْرِ، أَنَا ضَرَبْتُهُمْ بِيَدِي هَذِهِ عَلَى الْإِسْلَامِ، فَإِنْ فَعَلُوا ذَلِكَ، فَأُولَئِكَ أَعْدَاءُ اللَّهِ الْكَفَرَةُ، الضُّلَّالُ.

55. مصنف ابن أبي شيبة: حَدَّثَنَا سُرَيْجُ بْنُ النُّعْمَانِ، قَالَ: حَدَّثَنِي عَبْدُ الْعَزِيزِ بْنُ أَبِي سَلَمَةَ، عَنْ زَيْدِ بْنِ أَسْلَمَ، عَنْ أَبِيهِ، قَالَ: خَطَبَ عُمَرُ بْنُ الْخَطَّابِ النَّاسَ فَقَالَ: " إِنِّي رَأَيْتُ فِي مَنَامِي دِيكًا أَحْمَرَ نَقَرَنِي عَلَى مَعْقِدِ إِزَارِي ثَلَاثَ نَقَرَاتٍ " فَاسْتَعْبَرْتُهَا أَسْمَاءُ بِنْتُ عُمَيْسٍ، فَقَالَتْ: " إِنْ صَدَقَتْ رُؤْيَاكَ قَتَلَكَ رَجُلٌ مِنَ الْعَجَمِ."

56. مصنف ابن أبي شيبة: حَدَّثَنَا ابْنُ نُمَيْرٍ، عَنْ سُفْيَانَ، عَنِ الْأَسْوَدِ بْنِ قَيْسٍ، عَنْ عَبْدِ اللَّهِ بْنِ الْحَارِثِ الْخُزَاعِيِّ، قَالَ: سَمِعْتُ عُمَرَ، يَقُولُ فِي خُطْبَتِهِ: " إِنِّي رَأَيْتُ الْبَارِحَةَ دِيكًا نَقَرَنِي، وَرَأَيْتُهُ يُجَلِّيهِ النَّاسُ عَنِّي، وَإِنِّي أُقْسِمُ بِاللَّهِ لَئِنْ بَقِيتُ لَأَجْعَلَنَّ سِفْلَةَ الْمُهَاجِرِينَ فِي الْعَطَاءِ عَلَى أَلْفَيْنِ أَلْفَيْنِ "، فَلَمْ يَمْكُثْ إِلَّا ثَلَاثًا حَتَّى قَتَلَهُ غُلَامُ الْمُغِيرَةِ أَبُو لُؤْلُؤَةَ.

57. الطبقات الكبرى: أَخْبَرَنَا مُحَمَّدُ بْنُ الْفُضَيْلِ بْنِ غَزْوَانِ الضَّبِّيُّ، قَالَ: أَخْبَرَنَا حُصَيْنُ بْنُ عَبْدِ الرَّحْمَنِ، عَنْ عَمْرِو بْنِ مَيْمُونٍ، قَالَ: جِئْتُ فَإِذَا عُمَرُ وَاقِفٌ عَلَى حُذَيْفَةَ، وَعُثْمَانَ بْنِ حُنَيْفٍ وَهُوَ يَقُولُ: " تَخَافَانِ أَنْ تَكُونَا حَمَّلْتُمَا الْأَرْضَ مَا لا تُطِيقُ "، فَقَالَ عُثْمَانُ: لَوْ شِئْتُ لَأَضْعَفْتُ أَرْضِي، وَقَالَ حُذَيْفَةُ: لَقَدْ حَمَلْتِ

الأَرْضُ أَمْرًا هِيَ لَهُ مُطِيقَةٌ، وَمَا فِيهَا كَبِيرُ فَضْلٍ، فَجَعَلَ يَقُولُ: " انْظُرَا مَا لَدَيْكُمَا إِنْ تَكُونَا حَمَّلْتُمَا الأَرْضَ مَا لا تُطِيقُ "، ثُمَّ قَالَ: " وَاللَّهِ لَئِنْ سَلَّمَنِي اللَّهُ لأَدَعَنَّ أَرَامِلَ أَهْلِ الْعِرَاقِ لا يَحْتَجْنَ إِلَى أَحَدٍ بَعْدِي أَبَدًا "

أخبار أمير المؤمنين مع العلوج وغلام المغيرة

58.قال عبد الرزاق: أَخْبَرَنَا ابْنُ جُرَيْجٍ، عَنْ مُوسَى بنِ عُقْبَةَ، عَنْ نَافِعٍ، عَنِ ابْنِ عُمَرَ، قَالَ: كَانَتِ الْيَهُودُ، وَالنَّصَارَى وَمَنْ سِوَاهُمْ مِنَ الْكُفَّارِ مَنْ جَاءَ الْمَدِينَةَ مِنْهُمْ سَفْرًا لاَ يَقِرُّونَ فَوْقَ ثَلاَثَةِ أَيَّامٍ عَلَى عَهْدِ عُمَرَ، فَلاَ أَدْرِي أَكَانَ يُفْعَلُ بِهِمْ قَبْلَ ذَلِكَ أَمْ لاَ؟.

59.قال عبد الرزاق في مصنفه: أَخْبَرَنَا مَعْمَرٌ، عَنْ أَيُّوبَ، عَنْ نَافِعٍ، قَالَ: كَانَ عُمَرُ: " لا يَدَعُ الْيَهُودِيَّ، وَالنَّصْرَانِيَّ، وَالْمَجُوسِيَّ إِذَا دَخَلُوا الْمَدِينَةَ أَنْ يُقِيمُوا بِهَا إِلا ثَلاثًا قَدْرَ مَا يَبِيعُونَ سِلْعَتَهُمْ "، فَلَمَّا أُصِيبَ عُمَرُ، قَالَ: " قَدْ كُنْتُ أَمَرْتُكُمْ أَلا تُدْخِلُوا عَلَيْنَا مِنْهُمْ أَحَدًا، وَلَوْ كَانَ الْمُصَابُ غَيْرِي كَانَ لَهُ فِيهِ أَمْرٌ "، قَالَ: وَكَانَ يَقُولُ: " لا يَجْتَمِعُ بِهَا دِينَانِ."

60.قال ابن سعد في كتاب «الطبقات الكبير»: أَخبَرنا مُحَمَّدُ بْنُ عُمَر، قالَ: حَدثَني هشامُ بن عُمارَةَ، عَن أَبي الحوَيرِث، قالَ: لَمّا قَدِمَ غُلاَمُ المُغيرَة بن شُعبَةَ, ضَرَبَ عَلَيه عِشرينَ ومِئَةَ دِرهَم كُلَّ شَهرٍ، أَربَعَةَ دَراهم كُلَّ يَومٍ، قالَ: وكانَ خَبيثًا، إذا نَظَرَ إِلَى السَّبي الصِّغار, يَأتي فَيَمسَحُ رُءوسَهُم ويَبكي، ويَقول: إِنَّ العَرَبَ أَكَلَت كَبِدي، فَلَمّا قَدِمَ عُمَرُ مِن مَكَّةَ, جاءَ أَبو لُؤلُؤَةَ إِلَى عُمَر يُريدُهُ, فَوَجَدَهُ غاديًا إِلَى السّوقِ، وهوَ مُتَّكِئٌ عَلَى يَد عَبد الله بن الزُّبَير, فَقالَ: يا أَميرَ المُؤمِنينَ، إِنَّ سَيِّدي المُغيرَة يُكَلِّفُني ما لاَ أُطيقُ مِنَ الضَّريبَةِ، قالَ عُمَرُ: وكَم كَلَّفَكَ؟ قالَ: أَربَعَةُ دَراهم كُلَّ يَومٍ، قالَ: وما تَعمَلُ؟ قالَ: الأَرحاءُ, وسَكَتَ عَن سائِرِ أَعمالِه، فَقالَ: في كَم تَعمَلُ الرَّحَى؟ فَأَخبَرَهُ, قالَ: وبِكَم تَبيعُها؟ فَأَخبَرَهُ, فَقالَ: لَقَد كَلَّفَكَ يَسيرًا، انطَلِق فَأَعطِ مَولاَكَ ما سَأَلَكَ، فَلَمّا وَلَّى, قالَ عُمَرُ: أَلاَ تَجعَل لَنا رَحًى؟ قالَ: بَلَى، أَجعَلُ لَكَ رَحًى يَتَحَدَّثُ بِها أَهلُ الأَمصارِ، فَفَزِعَ عُمَرُ مِن

كَلِمَتِه، قالَ: وعَلِيٌّ مَعَهُ, فَقالَ: ما تُراهُ أَرادَ؟ قالَ: أَوعَدَكَ يا أَميرَ المُؤمِنينَ، قالَ عُمَرُ: يَكفيناهُ اللهُ، قَد ظَنَنتُ أَنَّهُ يُريدُ بِكَلِمَتِه غورًا.

قلت: هذا خبر انفرد به الواقدي فيما علمت، وإنما أوردته في هذا الكتاب استئناسا، والله أعلم.

61. وقال ابن سعد في كتاب «الطبقات الكبير»: أَخبَرنا الفَضلُ بن دُكَينٍ، قالَ: أَخبَرنا العُمَريُّ، عَن نافِعٍ، عَن ابن عُمَر، عَن عُمَر؛ أَنَّهُ كانَ يَكتُبُ إِلَى أُمَراء الجُيوشِ: لاَ تَجلِبوا عَلَينا مِنَ العُلوج أَحَدًا جَرَت عَلَيه المَواسي، فَلَمّا طَعَنَهُ أَبو لُؤلُؤَة, قالَ: مَن هَذا؟ قالوا: غُلاَمُ المُغيرَة بن شُعبَة, قالَ: أَلَم أَقُل لَكُم لاَ تَجلِبوا عَلَينا مِنَ العُلوج أَحَدًا فَغَلَبتُموني.

62. قال ابن شبة في «أخبار المدينة»: حَدَّثَنَا سُلَيْمَانُ بْنُ كَرَّازٍ، قَالَ: حَدَّثَنَا مَيْمُونُ بْنُ مُوسَى بْنِ عَبْدِ الرَّحْمَنِ بْنِ صَفْوَانَ الدَّانِيُّ، عَنِ الْحَسَنِ، قَالَ: كَانَ لِلْمُغِيرَةِ بْنِ شُعْبَةَ عِلْجٌ مِنْ هَذِهِ الْعَجَمِ، وَكَانَ يَعْمَلُ الأَرْحَاءَ تَطْحَنُ بِالرِّيحِ، فَأَتَى عُمَرَ رَضِيَ اللَّهُ عَنْهُ، فَقَالَ: يَا أَمِيرَ الْمُؤْمِنِينَ إِنَّ سَيِّدِي يُكَلِّفُنِي مَا لا أُطِيقُ، قَالَ: مَا تَعْمَلُ؟ قَالَ: لِي أَرْحَاءُ تَطْحَنُ بِالرِّيحِ، قَالَ: فَأَدِّ إِلَى سَيِّدِكَ خَرَاجَكَ، فَخَرَجَ الْعِلْجُ يَتَحَطَّمُ غَضَبًا.

وَكَانَ عُمَرُ رَضِيَ اللَّهُ عَنْهُ يَخْرُجُ عِنْدَ صَلاةِ الصُّبْحِ وَمَعَهُ دِرَّتُهُ، فَيَدْخُلُ الْمَسْجِدَ وَفِيهِ رِجَالٌ قَدْ صَلُّوا مِنَ اللَّيْلِ فَوَضَعُوا رُءُوسَهُمْ، فَيَأْتِيهِمْ رَجُلا رَجُلا، فَيَقُولُ: الصَّلاةَ طَالَ مَا فَسَيْتُمْ فِي هَذَا الْمَسْجِدِ، ثُمَّ يَتَقَدَّمُ فَيُكَبِّرُ.

فَوَثَبَ الْعِلْجُ فَطَعَنَهُ طَعْنَتَيْنِ، أَمَّا إِحْدَاهُمَا فَلَمْ تَعْمَلْ شَيْئًا جَازَتْ فِي الْجَنْبِ، وَأَمَّا الأُخْرَى فَهَجَمَتْ عَلَى جَوْفِهِ فَنَادَى: يَا لِلْمُسْلِمِينَ، بِسْمِ اللَّهِ، فَحُمِلَ عُمَرُ رَضِيَ اللَّهُ عَنْهُ فَدُخِلَ بِهِ، فَصَلَّى بِالنَّاسِ عَبْدُ الرَّحْمَنِ بْنُ عَوْفٍ، وَقُتِلَ الْعَبْدُ.

وَقَالَ عُمَرُ رَضِيَ اللَّهُ عَنْهُ: وَيْحَكُمْ أَنَالَ الْعَبْدُ شَيْئًا؟ قَالُوا: لا بِحَمْدِ اللَّهِ، وَدَخَلَ عَلَيْهِ النَّاسُ، فَجَعَلُوا يُسَلِّمُونَ عَلَيْهِ، وَيَقُولُونَ: لَيْسَ عَلَيْكَ بَأْسٌ، فَقَالَ: أَبَأْسُ

أَنْ أَكُونَ قُتِلْتُ ؛ فَقَدْ قُتِلْتُ، فَقَالُوا: أَمَا إِنَّهُ إِنْ جَزَاكَ اللَّهُ عَنَّا خَيْرًا، فَقَدْ كُنْتَ وَكُنْتَ.

قَالَ الْحَسَنُ: لا وَاللَّهِ مَا يَخَافُونَ، أَنْ يُفْرِطُوا.

قَالَ: فَعَلَّمُونِي بِهَا وَلَوَدِدْتُ أَنِّي انْفَلَتُّ كَفَافًا، وَسُلِّمَ لِي مَا كَانَ مَعَ رَسُولِ اللَّهِ ﷺ فَإِنِّي لَمْ آلُ وَلا أَدْرِي.

قَالَ الْحَسَنُ: أَرْسَلَتْ إِلَيْهِ حَفْصَةُ: ايْذَنْ لِي فَأَدْخُلْ عَلَيْكَ، قَالَ: لا تُدْخِلِي عَلَيَّ، فَأَرْسَلَتْ إِلَيْهِ: وَاللَّهِ لَتَأْذَنَنَّ لِي أَوْ لأَدْخُلَنَّ عَلَيْكَ، قَالَ: يَا ابْنَ عَبَّاسٍ قُمْ فَإِنَّهَا دَاخِلَةٌ، فَدَخَلَتْ، فَلَمَّا رَأَتْهُ صَرِيعًا ذَهَبَتْ لِتَبْكِيَ، فَقَالَ: لا تَبْكِ إِنَّمَا يَبْكِي الْكَافِرُ.

قَالَ النَّاسُ: اسْتَخْلِفْ يَا أَمِيرَ الْمُؤْمِنِينَ، قَالَ: " وَاللَّهِ مَا مِنَ النَّاسِ رَجُلٌ أُوَلِّيهَا إِيَّاهُ أَعْلَمُ أَنْ قَدْ وَضَعْتُهَا مَوْضِعًا لَيْسَ أَبَا عُبَيْدَةَ بْنَ الْجَرَّاحِ وَسَالِمًا مَوْلَى أَبِي حُذَيْفَةَ لَوْ أَدْرَكْتُهُمَا، وَلا تُؤَمِّرُوا عَلَيْكُمْ أَحَدًا إِلا عَالِمًا، وَلْيُصَلِّ بِكُمْ صُهَيْبٌ، فَإِذَا كَانَ الْيَوْمُ الثَّالِثُ فَلْيَجْتَمِعْ سِتَّةٌ مِنْكُمْ فِي بَيْتٍ فَلا يَخْرُجُوا حَتَّى يَسْتَخْلِفُوا عَلَيْكُمْ أَحَدًا، وَلا يَخْتَلِفُوا "، فَفَعَلُوا كَمَا أَمَرَهُمْ، فَجَعَلُوا أَمْرَهُمْ إِلَى عَبْدِ الرَّحْمَنِ بْنِ عَوْفٍ، فَجَعَلَ عَبْدُ الرَّحْمَنِ، يَقُولُ: يَا فُلانُ عَهْدُ اللَّهِ عَلَيْكَ لَئِنِ اسْتُخْلِفْتَ لَتَفْعَلَنَّ كَذَا وَكَذَا، فَيَقُولُ: نَعَمْ، فَقَالَ لَهُمْ، ثُمَّ قَالَ لِعُثْمَانَ: أَرِنِي يَدَكَ، فَمَسَحَ عَلَى يَدِهِ.

قلت: هذا إسناد فيه ضعف، وإنما أوردته هنا لموافقته خبر الزهري الطويل من وجوه. وقد أوردتُ بقية أخبار أمير المؤمنين مع هذا العلج الشقي في فصل الأخبار الجامعة الذي تقدم، فلْيرْجَع إليه.

63. قال الحاكم في «المستدرك»: حَدَّثَنَا أَبُو سَعِيدٍ أَحْمَدُ بْنُ يَعْقُوبَ الثَّقَفِيُّ، وَأَبُو بَكْرٍ مُحَمَّدُ بْنُ أَحْمَدَ بْنِ بَالَوَيْهِ، قَالا: ثنا الْحَسَنُ بْنُ عَلِيِّ بْنِ شَبِيبٍ الْمَعْمَرِيُّ، ثنا مُحَمَّدُ بْنُ عُبَيْدِ بْنِ حِسَابٍ، ثنا جَعْفَرُ بْنُ سُلَيْمَانَ، عَنْ ثَابِتٍ، عَنْ أَبِي رَافِعٍ،

قَالَ: كَانَ أَبُو لُؤْلُؤَةَ لِلْمُغِيرَةِ بْنِ شُعْبَةَ وَكَانَ يَصْنَعُ الرَّحَاءَ وَكَانَ الْمُغِيرَةُ يَسْتَعْمِلُهُ كُلَّ يَوْمٍ بِأَرْبَعَةِ دَرَاهِمَ، فَلَقِيَ أَبُو لُؤْلُؤَةَ عُمَرَ، فَقَالَ: يَا أَمِيرَ الْمُؤْمِنِينَ، إِنَّ الْمُغِيرَةَ قَدْ أَكْثَرَ عَلَيَّ فَكَلِّمْهُ أَنْ يُخَفِّفَ عَنِّي، فَقَالَ لَهُ عُمَرُ: " اتَّقِ اللَّهَ وَأَحْسِنْ إِلَى مَوْلاكَ"، قَالَ: وَمِنْ نِيَّةِ عُمَرَ أَنْ يَلْقَى الْمُغِيرَةَ فَيُكَلِّمَهُ فِي التَّخْفِيفِ عَنْهُ.

- قال أبو يعلى في مسنده: حَدَّثَنَا أَبُو عَبَّادٍ قَطَنُ بْنُ نُسَيْرٍ الْغُبَرِيُّ، حَدَّثَنَا جَعْفَرُ بْنُ سُلَيْمَانَ، حَدَّثَنَا ثَابِتٌ الْبُنَانِيُّ، عَنْ أَبِي رَافِعٍ، قَالَ: كَانَ أَبُو لُؤْلُؤَةَ عَبْدًا لِلْمُغِيرَةِ بْنِ شُعْبَةَ، وَكَانَ يَصْنَعُ الأَرْحَاءَ، وَكَانَ الْمُغِيرَةُ يَسْتَغِلُّهُ كُلَّ يَوْمٍ أَرْبَعَةَ دَرَاهِمَ، فَلَقِيَ أَبُو لُؤْلُؤَةَ عُمَرَ، فَقَالَ: يَا أَمِيرَ الْمُؤْمِنِينَ، إِنَّ الْمُغِيرَةَ قَدْ أَثْقَلَ عَلَيَّ غَلَّتِي فَكَلِّمْهُ يُخَفِّفْ عَنِّي، فَقَالَ لَهُ عُمَرُ: " اتَّقِ اللَّهَ وَأَحْسِنْ إِلَى مَوْلاكَ "، وَمِنْ نِيَّةِ عُمَرَ أَنْ يَلْقَى الْمُغِيرَةَ فَيُكَلِّمَهُ يُخَفِّفُ، فَغَضِبَ الْعَبْدُ، وَقَالَ: وَسِعَ النَّاسَ كُلَّهُمْ عَدْلُهُ غَيْرِي؟! فَأَضْمَرَ عَلَى قَتْلِهِ، فَاصْطَنَعَ خِنْجَرًا لَهُ رَأْسَانِ، وَشَحَذَهُ وَسَمَّهُ، ثُمَّ أَتَى بِهِ الْهُرْمُزَانَ، فَقَالَ: كَيْفَ تَرَى هَذَا؟ قَالَ: أَرَى أَنَّكَ لا تَضْرِبُ بِهَذَا أَحَدًا إِلا قَتَلْتَهُ.

قلت: في إسناده جعفر بن سليمان الضبعي، وليس هو بالثبت, وقد أوردت بعض هذا الخبر لاشتماله على ذكر عزم عمر على نصح المغيرة في شأن أبي لؤلؤة.

64. قال ابن شبة في «أخبار المدينة»: حَدَّثَنَا عَبْدُ الْمَلِكِ بْنُ قُرَيْبٍ، قَالَ: حَدَّثَنَا نَافِعُ بْنُ أَبِي نُعَيْمٍ، قَالَ: قَالَ ابْنُ الزُّبَيْرِ: "كُنْتُ أَمْشِي مَعَ عُمَرَ رَضِيَ اللَّهُ عَنْهُ فَنَظَرَ إِلَيْهِ الْعِلْجُ نَظْرَةً ظَنَنْتُ أَنَّهُ لَوْلَا مَكَانِي لَسَطَا بِهِ."

أخبار مصاب أمير المؤمنين وهو في محراب الصلاة

وبعض أخبار هذا الباب جاءت ضمن الأخبار الجامعة التي تقدم ذكرها، فليتنبه إلى ذلك.

65.قال ابن سعد في «كتاب الطبقات الكبير»: أَخْبَرَنَا وَكِيعُ بْنُ الْجَرَّاحِ، قَالَ: أَخْبَرَنَا الأَعْمَشُ، عَنْ إِبْرَاهِيمَ التَّيْمِيِّ، عَنْ عَمْرِو بْنِ مَيْمُونٍ، قَالَ: رَأَيْتُ عُمَرَ بْنَ الْخَطَّابِ، يَوْمَ أُصِيبَ عَلَيْهِ إِزَارٌ أَصْفَرُ، قَالَ: وَكُنْتُ أَدَعُ الصَّفَّ الأَوَّلَ هَيْبَةً لَهُ وَكُنْتُ فِي الصَّفِّ الثَّانِي يَوْمَئِذٍ، قَالَ: فَجَاءَ فَقَالَ: " الصَّلاةَ عِبَادَ اللَّهِ، اسْتَوُوا "، ثُمَّ كَبَّرَ، قَالَ: فَطَعَنَهُ طَعْنَةً أَوْ طَعْنَتَيْنِ، قَالَ: وَعَلَيْهِ إِزَارٌ أَصْفَرُ قَدْ رَفَعَهُ عَلَى صَدْرِهِ فَأَهْوَى وَهُوَ يَقُولُ: "ف وَكَانَ أَمْرُ اللَّهِ قَدَرًا مَقْدُورًاق "، قَالَ: وَمَالَ عَلَى النَّاسِ فَقَتَلَ وَجَرَحَ بِضْعَةَ عَشَرَ فَمَالَ النَّاسُ عَلَيْهِ فَاتَّكَأَ عَلَى خِنْجَرِهِ فَقَتَلَ نَفْسَهُ.

66.وقال ابن أبي شيبة في مصنفه: حَدَّثَنَا إِسْحَاقُ الرَّازِيّ، عَنْ أَبِي سِنَانٍ، عَنْ عَطَاءِ بْنِ السَّائِبِ، عَنْ عَامِرٍ، قَالَ: " حَلِفُ بِاللَّهِ، " لَقَدْ طُعِنَ عُمَرُ وَإِنَّهُ لَفِي النَّحْلِ يَقْرَؤُهَا."

67.وقال ابن أبي شيبة في مصنفه: حَدَّثَنَا وَكِيعٌ، عَنِ الْأَعْمَشِ، عَنْ إِبْرَاهِيمَ التَّيْمِيِّ، عَنْ عَمْرِو بْنِ مَيْمُونٍ، قَالَ: كُنْتُ أَدَعُ الصَّفَّ الْأَوَّلَ هَيْبَةً لِعُمَرَ، وَكُنْتُ فِي الصَّفِّ الثَّانِي يَوْمَ أُصِيبَ، فَجَاءَ فَقَالَ: " الصَّلَاةَ عِبَادَ اللَّهِ "، اسْتَوُوا. قَالَ: فَصَلَّى بِنَا فَطَعَنَهُ أَبُو لُؤْلُؤَةَ طَعْنَتَيْنِ أَوْ ثَلَاثًا، قَالَ: وَعَلَى عُمَرَ ثَوْبٌ أَصْفَرُ، قَالَ: فَجَمَعَهُ عَلَى صَدْرِهِ ثُمَّ أَهْوَى وَهُوَ يَقُولُ: (وَكَانَ أَمْرُ اللَّهِ قَدَرًا مَقْدُورًا). فَقَتَلَ وَطَعَنَ اثْنَيْ عَشَرَ أَوْ ثَلَاثَةَ عَشَرَ، قَالَ: وَمَالَ النَّاسُ عَلَيْهِ فَاتَّكَأَ عَلَى خِنْجَرِهِ فَقَتَلَ نَفْسَهُ.

68.وقال أبو الجهم في جزءه: ثَنَا اللَّيْثُ بْنُ سَعْدٍ، عَنْ نَافِعٍ، عَنْ عَبْدِ اللَّهِ، أَنَّهُ قَالَ: [...]، فَبَيْنَا كُلَيْبٌ يَتَوَضَّأُ عِنْدَ الْمَسْجِدِ إِذْ جَاءَهُ أَبُو لُؤْلُؤَةَ قَاتِلَ عُمَرَ بْنَ الْخَطَّابِ فَبَقَرَ بَطْنَهُ، قَالَ نَافِعٌ: «قَتَلَ أَبُو لُؤْلُؤَةَ مَعَ عُمَرَ سَبْعَةَ نَفَرٍ».

69.وقال ابن سعد في «كتاب الطبقات الكبير»: أَخْبَرَنَا هِشَامٌ أَبُو الْوَلِيدِ الطَّيَالِسِيُّ، قَالَ: أَخْبَرَنَا شُعْبَةُ، قَالَ: أَنْبَأَنَا أَبُو إِسْحَاقَ، عَنْ عَمْرِو بْنِ مَيْمُونٍ، قَالَ: " شَهِدْتُ عُمَرَ مِنْ حِينَ طُعِنَ، وَطَعَنَ الَّذِي طَعَنَهُ ثَلاثَةَ عَشَرَ أَوْ تِسْعَةَ عَشَرَ، فَأَمَّا عَبْدُ

الرَّحْمَنِ بْنُ عَوْفٍ فَقَرَأَ بِأَقْصَرِ سُورَتَيْنِ فِي الْقُرْآنِ، بِ الْعَصْرِ، وَ إِذَا جَاءَ نَصْرُ اللَّهِ، فِي الْفَجْرِ."

- وروى عبد الرزاق في مصنفه: عَنِ الثَّوْرِيِّ، عَنْ أَبِي إِسْحَاقَ، عَنْ عَمْرِو بْنِ مَيْمُونٍ قَالَ: "صَلَّيْتُ يَوْمَ قُتِلَ عُمَرُ الصُّبْحَ، فَمَا مَنَعَنِي أَنْ أَقُومَ مَعَ الصَّفِّ الْأَوَّلِ إِلَّا هَيْبَةُ عُمَرَ قَالَ: فَمَاجَ النَّاسُ، فَقَدَّمُوا عَبْدَ الرَّحْمَنِ بْنِ عَوْفٍ، فَقَرَأَ إِذَا جَاءَ نَصْرُ اللَّهِ وَالْفَتْحِ، وَإِنَّا أَعْطَيْنَاكَ الْكَوْثَرَ."

- وقال ابن أبي شيبة في مصنفه: حَدَّثَنَا أَبُو الأَحْوَصِ ، عَنْ أَبِي إِسْحَاقَ، عَنْ عَمْرِو بْنِ مَيْمُونٍ ، قَالَ : لَمَّا طُعَنْ عُمَرُ ، مَاجَ النَّاسُ بَعْضُهُمْ فِي بَعْضٍ ، حَتَّى كَادَتِ الشَّمْسُ أَنْ تَطْلُعَ ، فَنَادَى مُنَادٍ : الصَّلاَةُ ، فَقَدَّمُوا عَبْدَ الرَّحْمَن بْنَ عَوْفٍ فَصَلَّى بِهِمْ ، فَقَرَأَ بِأَقْصَرِ سُورَتَيْنِ فِي الْقُرْآنِ : {إِنَّا أَعْطَيْنَاك الْكَوْثَرَ} ، وَ : {إِذَا جَاءَ نَصْرُ اللهِ} ، فَلَمَّا أَصْبَحَ دَخَلَ عَلَيْهِ الطَّبِيبُ ، وَجُرْحُهُ يَسِيلُ دَمًا ، فَقَالَ : أَيُّ الشَّرَابِ أَحَبُّ إِلَيْك ؟ قَالَ : النَّبِيذُ ، فَدَعَا بِنَبِيذٍ فَشَرِبَهُ فَخَرَجَ مِنْ جُرْحِهِ ، فَقَالَ : هَذَا صَدِيدٌ ، ائْتُونِي بِلَبَنٍ ، فَأُتِيَ بِلَبَنٍ ، فَشَرِبَ فَخَرَجَ مِنْ جُرْحِهِ ، فَقَالَ لَهُ الطَّبِيبُ : أَوْصِهِ ، فَإِنِّي لاَ أَظُنُّك إِلاَّ مَيِّتًا مِنْ يَوْمِكَ ، أَوْ مِن غَدٍ.

أخبار أمير المؤمنين بعد نقله إلى داره

70.روى عبد الرزاق في مصنفه، عَنْ مَعْمَرٍ، عَنِ الزُّهْرِيِّ، عَنْ عُبَيْدِ اللَّهِ بْنِ عَبْدِ اللَّهِ، عَنِ ابْنِ عَبَّاسٍ، قَالَ: لَمَّا طُعِنَ عُمَرُ احْتَمَلْتُهُ أَنَا وَنَفَرٌ مِنَ الأَنْصَارِ حَتَّى أَدْخَلْنَاهُ مَنْزِلَهُ، فَلَمْ يَزَلْ فِي غَشْيَةٍ وَاحِدَةٍ حَتَّى أَسْفَرَ، فَقَالَ رَجُلٌ: إِنَّكُمْ لَنْ تُفْزِعُوهُ بِشَيْءٍ، إلا بِالصَّلاةِ، قَالَ: فَقُلْنَا: الصَّلاةَ يَا أَمِيرَ الْمُؤْمِنِينَ ! قَالَ: فَفَتَحَ عَيْنَيْهِ، ثُمَّ قَالَ: " أَصَلَّى النَّاسُ؟ "، قُلْنَا: نَعَمْ، قَالَ: " أَمَا إِنَّهُ لا حَظَّ فِي الإِسْلامِ لأَحَدٍ تَرَكَ الصَّلاةَ "، فَصَلَّى وَجُرْحُهُ يَثْعَبُ دَمًا.

- روى مالك في «الموطأ»، عَن هِشَامِ بْنِ عُرْوَةَ، عَن أَبِيهِ، أَنَّ الْمِسْوَرَ بْنَ مَخْرَمَةَ أَخْبَرَهُ، أَنَّهُ دَخَلَ عَلَى عُمَرَ بْنِ الْخَطَّابِ مِنَ اللَّيْلَةِ الَّتِي طُعِنَ فِيهَا، فَأَيْقَظَ عُمَرَ لِصَلاَةِ الصُّبْحِ، فَقَالَ عُمَرُ: نَعَمْ، وَلاَ حَظَّ فِي الإِسْلاَمِ لِمَنْ تَرَكَ الصَّلاَةَ، فَصَلَّى عُمَرُ، وَجُرْحُهُ يَثْعَبُ دَمًا.

71. قال ابن شبة في «أخبار المدينة»: حَدَّثَنَا أَبُو دَاوُدَ، قَالَ: حَدَّثَنَا أَبُو عَوَانَةَ، عَنْ دَاوُدَ بْنِ عَبْدِ اللَّهِ الْأَوْدِيِّ، عَنْ حُمَيْدِ بْنِ عَبْدِ الرَّحْمَنِ الْحِمْيَرِيِّ، قَالَ: خَطَبَنَا ابْنُ عَبَّاسٍ رَضِيَ اللَّهُ عَنْهُمَا فَقَالَ: أَنَا أَوَّلُ مَنْ دَخَلَ عَلَى عُمَرَ رَضِيَ اللَّهُ عَنْهُ حِينَ طُعِنَ، فَقَالَ لِي: " يَا ابْنَ عَبَّاسٍ احْفَظْ عَنِّي ثَلَاثًا: إِنِّي لَمْ أَسْتَخْلِفْ عَلَى النَّاسِ خَلِيفَةً، وَلَمْ أَقْضِ فِي الْكَلَالَةِ قَضَاءً، وَكُلُّ مَمْلُوكٍ لِي عَتِيقٌ."

72. وقال ابن شبة في «أخبار المدينة»: حَدَّثَنَا إِبْرَاهِيمُ بْنُ الْمُنْذِرِ الْحِزَامِيُّ، قَالَ: حَدَّثَنَا عَبْدُ اللَّهِ بْنُ وَهْبٍ، قَالَ: حَدَّثَنِي يُونُسُ، عَنِ ابْنِ شِهَابٍ، عَنْ عُبَيْدُ اللَّهِ بْنِ عَبْدِ اللَّهِ بْنِ عُتْبَةَ، أَنَّ ابْنَ عَبَّاسٍ رَضِيَ اللَّهُ عَنْهُمَا أَخْبَرَهُ: أَنَّ عُمَرَ رَضِيَ اللَّهُ عَنْهُ حِينَ طُعِنَ فِي غَلَسِ السَّحَرِ مَعَ الْفَجْرِ قَالَ: فَاحْتَمَلْتُهُ أَنَا وَرَهْطٌ كَانُوا مَعِيَ فِي الْمَسْجِدِ حَتَّى أَدْخَلْنَاهُ بَيْتَهُ، وَأَمَرَ عَبْدَ الرَّحْمَنِ بْنَ عَوْفٍ رَضِيَ اللَّهُ عَنْهُ يُصَلِّي بِالنَّاسِ، قَالَ: فَلَمَّا أُدْخِلَ بَيْتَهُ غُشِيَ عَلَيْهِ مِنَ النَّزْفِ، فَلَمْ يَزَلْ فِي غَمْرَةٍ حَتَّى أَسْفَرَ، ثُمَّ أَفَاقَ فَقَالَ: صَلَّى النَّاسُ؟ قُلْنَا: نَعَمْ، قَالَ: «لَا إِسْلَامَ لِمَنْ تَرَكَ الصَّلَاةَ» ، ثُمَّ دَعَا بِوَضُوءٍ فَتَوَضَّأَ وَصَلَّى، فَلَمَّا سَلَّمَ قَالَ: يَا ابْنَ عَبَّاسٍ، اخْرُجْ سَلْ مَنْ قَتَلَنِي، قَالَ: فَخَرَجْتُ فَإِذَا النَّاسُ مُنْقَصِفُونَ عَلَى بَابِ دَارِ عُمَرَ رَضِيَ اللَّهُ عَنْهُ جَاهِلُونَ بِخَبَرِهِ، فَفَتَحْتُ الْبَابَ فَقُلْتُ لِلنَّاسِ: مَنْ طَعَنَ أَمِيرَ الْمُؤْمِنِينَ؟ قَالُوا: عَدُوُّ اللَّهِ أَبُو لُؤْلُؤَةَ غُلَامُ الْمُغِيرَةِ بْنِ شُعْبَةَ، فَرَجَعْتُ إِلَى عُمَرَ رَضِيَ اللَّهُ عَنْهُ فَقُلْتُ: أَرْسَلْتَنِي أَسْأَلُ مَنْ طَعَنَكَ، فَزَعَمُوا أَنَّ أَبَا لُؤْلُؤَةَ غُلَامَ الْمُغِيرَةِ بْنِ شُعْبَةَ هُوَ الَّذِي طَعَنَكَ، فَقَالَ: اللَّهُ أَكْبَرُ، مَا كَانَتِ الْعَرَبُ لِتَقْتُلَنِي، الْحَمْدُ لِلَّهِ الَّذِي لَا يُحَاجُّنِي عِنْدَ اللَّهِ بِصَلَاةٍ صَلَّاهَا."

73.وقال ابن شبة في «أخبار المدينة»: حَدَّثَنَا أَبُو أَحْمَدَ، قَالَ: حَدَّثَنَا إِسْرَائِيلُ، عَنْ أَبِي إِسْحَاقَ، عَنْ عَمْرِو بْنِ مَيْمُونٍ، قَالَ: "شَهِدْتُ عُمَرَ رَضِيَ اللَّهُ عَنْهُ يَوْمَ طُعِنَ دَخَلَ عَلَيْهِ النَّاسُ فَقَالَ لِعَبْدِ اللَّهِ بْنِ عَبَّاسٍ رَضِيَ اللَّهُ عَنْهُمَا: «اخْرُجْ فَنَادِ فِي النَّاسِ، أَعَنْ مَلَأٍ مِنْكُمْ كَانَ هَذَا؟» فَخَرَجَ ابْنُ عَبَّاسٍ فَقَالَ: أَيُّهَا النَّاسُ، إِنَّ أَمِيرَ الْمُؤْمِنِينَ يَقُولُ، فَقَالُوا: مَعَاذَ اللَّهِ، مَا عَلِمْنَا وَلَا اطَّلَعْنَا."

- وقال ابن شبة في «أخبار المدينة»: حَدَّثَنَا عَفَّانُ، قال: حَدَّثَنَا وُهَيْبٌ، قال: حَدَّثَنَا جَعْفَرُ بْنُ مُحَمَّدٍ، عَنْ أَبِيهِ، أَنَّ عُمَرَ رَضِيَ اللَّهُ عَنْهُ لَمَّا أُصِيبَ أَرْسَلَ إِلَى النَّاسِ، فَقَالَ: " هَلْ كَانَ هَذَا عَنْ مَلَأٍ مِنْكُمْ ؟ "، فَقَالَ عَلِيٌّ: " أَعَنْ مَلَأٍ مِنَّا؟ إِنِّي وَاللَّهِ لَوَدِدْتُ أَنَّ اللَّهَ نَقَصَ مِنْ آجَالِنَا فِي أَجَلِكَ."

74.قال ابن سعد في «كتاب الطبقات الكبير»: أَخبَرنا يَعقوبُ بن إِبراهيمَ بن سَعدٍ الزُّهريُّ، عَن أَبيه، عَن صالِح بن كَيسانَ، عَن ابن شِهابٍ, قالَ:[...] قالَ سالِمٌ: فَسَمِعتُ عَبدَ الله بنَ عُمَر يَقول: قالَ عُمَرُ: أَرسِلوا إِلَيَّ طَبيبًا يَنظُرُ إِلَى جُرحي هَذا، قالَ: فَأَرسَلوا إِلَى طَبيبٍ مِنَ العَرَب, فَسَقَى عُمَر نَبيذًا, فَشَبَهُ النَّبيذُ بِالدَّم حينَ خَرَجَ مِنَ الطَّعنَة الَّتي تَحتَ السُّرَّةِ، قالَ: فَدَعَوتُ طَبيبًا آخَرَ مِنَ الأَنصار, ثُمَّ مِن بَني مُعاوِيَةَ, فَسَقاهُ لَبَنًا, فَخَرَجَ اللَّبَنُ مِنَ الطَّعنَة يَصلِدُ أَبيَضَ، قالَ: فَقالَ لَهُ الطَّبيبُ: يا أَميرَ المُؤمِنينَ, اعهَد، فَقالَ عُمَرُ: صَدَقَني أَخو بَني مُعاوِيَةَ، ولَو قُلتَ غَيرَ ذَلِكَ لَكَذَّبتُكَ، قالَ: فَبَكَى عَلَيه القَومُ حينَ سَمِعوا، فَقالَ: لاَ تَبكوا عَلَينا، مَن كانَ باكِيًا فَليَخرُج، أَلَم تَسمَعوا ما قالَ رَسولُ الله ﷺ، قالَ: يُعَذَّبُ المَيِّتُ بِبُكاء أَهلِه عَلَيه. فَمِن أَجل ذَلِكَ كانَ عَبدُ الله بن عُمَر لاَ يُقِرُّ أَن يُبكَى عِندَهُ عَلَى هالِكٍ مِن ولَدِه ولاَ غَيرِهم [...].

75.وقال مسلم في صحيحه: حَدَّثَنِي عَلِيُّ بْنُ حُجْرٍ، حَدَّثَنَا عَلِيُّ بْنُ مُسْهِرٍ، عَنِ الشَّيْبَانِيِّ، عَنْ أَبِي بُرْدَةَ، عَنْ أَبِيهِ، قَالَ: لَمَّا أُصِيبَ عُمَرُ جَعَلَ صُهَيْبٌ يَقُولُ: وَا

أَخَاهُ، فَقَالَ لَهُ عُمَرُ: يَا صُهَيْبُ أَمَا عَلِمْتَ أَنَّ رَسُولَ اللهِ ﷺ قَالَ: «إِنَّ الْمَيِّتَ لَيُعَذَّبُ بِبُكَاءِ الْحَيِّ».

76. وقال البخاري في صحيحه: حَدَّثَنَا الصَّلْتُ بْنُ مُحَمَّدٍ، حَدَّثَنَا إِسْمَاعِيلُ بْنُ إِبْرَاهِيمَ، حَدَّثَنَا أَيُّوبُ، عَنْ ابْنِ أَبِي مُلَيْكَةَ، عَنْ الْمِسْوَرِ بْنِ مَخْرَمَةَ، قَالَ: " لَمَّا طُعِنَ عُمَرُ جَعَلَ يَأْلَمُ، فَقَالَ لَهُ: ابْنُ عَبَّاسٍ وَكَأَنَّهُ يُجَزِّعُهُ: " يَا أَمِيرَ الْمُؤْمِنِينَ وَلَئِنْ كَانَ ذَاكَ لَقَدْ صَحِبْتَ رَسُولَ اللَّهِ ﷺ فَأَحْسَنْتَ صُحْبَتَهُ، ثُمَّ فَارَقْتَهُ وَهُوَ عَنْكَ رَاضٍ، ثُمَّ صَحِبْتَ أَبَا بَكْرٍ فَأَحْسَنْتَ صُحْبَتَهُ، ثُمَّ فَارَقْتَهُ وَهُوَ عَنْكَ رَاضٍ، ثُمَّ صَحِبْتَ صَحَبَتَهُمْ فَأَحْسَنْتَ صُحْبَتَهُمْ وَلَئِنْ فَارَقْتَهُمْ لَتُفَارِقَنَّهُمْ وَهُمْ عَنْكَ رَاضُونَ "، قَالَ: " أَمَّا مَا ذَكَرْتَ مِنْ صُحْبَةِ رَسُولِ اللَّهِ ﷺ وَرِضَاهُ فَإِنَّمَا ذَاكَ مَنٌّ مِنَ اللَّهِ تَعَالَى مَنَّ بِهِ عَلَيَّ، وَأَمَّا مَا ذَكَرْتَ مِنْ صُحْبَةِ أَبِي بَكْرٍ وَرِضَاهُ فَإِنَّمَا ذَاكَ مَنٌّ مِنَ اللَّهِ جَلَّ ذِكْرُهُ مَنَّ بِهِ عَلَيَّ وَأَمَّا مَا تَرَى مِنْ جَزَعِي فَهُوَ مِنْ أَجْلِكَ وَأَجْلِ أَصْحَابِكَ وَاللَّهِ لَوْ أَنَّ لِي طِلَاعَ الْأَرْضِ ذَهَبًا لَافْتَدَيْتُ بِهِ مِنْ عَذَابِ اللَّهِ قَبْلَ أَنْ أَرَاهُ."

77. وقال ابن سعد في «كتاب الطبقات الكبير»: أَخبَرنا مَعنُ بن عيسَى، قالَ: أَخبَرنا مالِكُ بن أَنَسٍ، عَن زَيد بن أَسلَمَ، عَن أَبيه، قالَ: لَمّا حَضَرَت عُمَر بنَ الخَطّاب الوَفاةُ قالَ: بِالإِمارَة تَغبِطونَني، فَوالله لَوَدِدتُ أَنّي أَنجو كَفافًا، لاَ عَلَيَّ ولاَ لي.

78. وقال البخاري في صحيحه: حَدَّثَنَا قُتَيْبَةُ، حَدَّثَنَا جَرِيرُ بْنُ عَبْدِ الْحَمِيدِ، حَدَّثَنَا حُصَيْنُ بْنُ عَبْدِ الرَّحْمَنِ، عَنْ عَمْرِو بْنِ مَيْمُونٍ الْأَوْدِيِّ، قَالَ: رَأَيْتُ عُمَرَ بْنَ الْخَطَّابِ رَضِيَ اللَّهُ عَنْهُ، قَالَ: يَا عَبْدَ اللَّهِ بْنَ عُمَرَ اذْهَبْ إِلَى أُمِّ الْمُؤْمِنِينَ عَائِشَةَ رَضِيَ اللَّهُ عَنْهَا، فَقُلْ: يَقْرَأُ عُمَرُ بْنُ الْخَطَّابِ عَلَيْكِ السَّلَامَ، ثُمَّ سَلْهَا أَنْ أُدْفَنَ مَعَ صَاحِبَيَّ، قَالَتْ: كُنْتُ أُرِيدُهُ لِنَفْسِي فَلَأُوثِرَنَّهُ الْيَوْمَ عَلَى نَفْسِي، فَلَمَّا أَقْبَلَ، قَالَ لَهُ: مَا لَدَيْكَ؟، قَالَ: أَذِنَتْ لَكَ يَا أَمِيرَ الْمُؤْمِنِينَ، قَالَ: مَا كَانَ شَيْءٌ أَهَمَّ إِلَيَّ مِنْ ذَلِكَ الْمَضْجَعِ، فَإِذَا قُبِضْتُ فَاحْمِلُونِي، ثُمَّ سَلِّمُوا، ثُمَّ قُلْ: يَسْتَأْذِنُ عُمَرُ بْنُ الْخَطَّابِ، فَإِنْ أَذِنَتْ لِي فَادْفِنُونِي، وَإِلَّا فَرُدُّونِي إِلَى مَقَابِرِ الْمُسْلِمِينَ.

إِنِّي لَا أَعْلَمُ أَحَدًا أَحَقَّ بِهَذَا الْأَمْرِ مِنْ هَؤُلَاءِ النَّفَرِ الَّذِينَ تُوُفِّيَ رَسُولُ اللَّهِ ﷺ وَهُوَ عَنْهُمْ رَاضٍ، فَمَنِ اسْتَخْلَفُوا بَعْدِي فَهُوَ الْخَلِيفَةُ فَاسْمَعُوا لَهُ وَأَطِيعُوا، فَسَمَّى عُثْمَانَ، وَعَلِيًّا، وَطَلْحَةَ، وَالزُّبَيْرَ، وَعَبْدَ الرَّحْمَنِ بْنَ عَوْفٍ، وَسَعْدَ بْنَ أَبِي وَقَّاصٍ، وَوَلَجَ عَلَيْهِ شَابٌّ مِنَ الْأَنْصَارِ، فَقَالَ: أَبْشِرْ يَا أَمِيرَ الْمُؤْمِنِينَ بِبُشْرَى اللَّهِ كَانَ لَكَ مِنَ الْقَدَمِ فِي الْإِسْلَامِ مَا قَدْ عَلِمْتَ، ثُمَّ اسْتُخْلِفْتَ فَعَدَلْتَ، ثُمَّ الشَّهَادَةُ بَعْدَ هَذَا كُلِّهِ، فَقَالَ: لَيْتَنِي يَا ابْنَ أَخِي، وَذَلِكَ كَفَافًا لَا عَلَيَّ وَلَا لِي. أُوصِي الْخَلِيفَةَ مِنْ بَعْدِي بِالْمُهَاجِرِينَ الْأَوَّلِينَ خَيْرًا أَنْ يَعْرِفَ لَهُمْ حَقَّهُمْ وَأَنْ يَحْفَظَ لَهُمْ حُرْمَتَهُمْ، وَأُوصِيهِ بِالْأَنْصَارِ خَيْرًا الَّذِينَ تَبَوَّءُوا الدَّارَ وَالْإِيمَانَ أَنْ يُقْبَلَ مِنْ مُحْسِنِهِمْ وَيُعْفَى عَنْ مُسِيئِهِمْ، وَأُوصِيهِ بِذِمَّةِ اللَّهِ وَذِمَّةِ رَسُولِهِ ﷺ أَنْ يُوفَى لَهُمْ بِعَهْدِهِمْ، وَأَنْ يُقَاتَلَ مِنْ وَرَائِهِمْ وَأَنْ لَا يُكَلَّفُوا فَوْقَ طَاقَتِهِمْ."

79. قال ابن سعد في «كتاب الطبقات الكبير»: أَخبَرنا مَعنُ بن عيسَى, قالَ: أَخبَرنا مالِكُ بن أَنَسٍ؛ أَنَّ عُمَر بنَ الخَطّاب استَأذَنَ عائِشَةَ في حَياتِه، فَأَذِنَت لَهُ أَن يُدفَنَ في بَيتِها، فَلَمّا حَضَرَتهُ الوَفاةُ, قالَ: إِذا مِتُّ فاستَأذِنوها، فَإِن أَذِنَت وإِلاَّ فَدَعوها، فَإِنِّي أَخشَى أَن تَكونَ أَذِنَت لي لِسُلطاني، فَلَمّا ماتَ أَذِنَت لَهُم.

80. وقال مسلم في صحيحه: حَدَّثَنَا أَبُو بَكْرِ بْنُ أَبِي شَيْبَةَ، وَمُحَمَّدُ بْنُ عَبْدِ اللهِ بْنِ نُمَيْرٍ، جَمِيعًا عَنِ ابْنِ بِشْرٍ، قَالَ أَبُو بَكْرٍ: حَدَّثَنَا مُحَمَّدُ بْنُ بِشْرٍ الْعَبْدِيُّ، عَنْ عُبَيْدِ اللهِ بْنِ عُمَرَ، قَالَ: حَدَّثَنَا نَافِعٌ، عَنْ عَبْدِ اللهِ، أَنَّ حَفْصَةَ بَكَتْ عَلَى عُمَرَ، فَقَالَ: مَهْلًا يَا بُنَيَّةُ أَلَمْ تَعْلَمِي أَنَّ رَسُولَ اللهِ ﷺ، قَالَ: «إِنَّ الْمَيِّتَ يُعَذَّبُ بِبُكَاءِ أَهْلِهِ عَلَيْهِ».

81. وقال ابن سعد في «كتاب الطبقات الكبير»: أَخبَرنا يَزيدُ بن هارونَ، قالَ: أَخبَرنا حَريزُ بن عُثمانَ، قالَ: أَخبَرنا حَبيبُ بن عُبَيدٍ الرَّحَبِيُّ، عَن المِقدام بن مَعدي كَرِبَ, قالَ: لَمّا أُصيبَ عُمَرُ, دَخَلَت عَلَيه حَفصَةُ, فَقالَت: يا صاحِبَ رَسول الله ﷺ، ويا صِهرَ رَسول الله ﷺ، ويا أَميرَ المُؤمِنينَ، فَقالَ عُمَرُ لابن عُمَر: يا عَبدَ الله, أَجلِسني، فَلاَ صَبرَ لي عَلَى ما أَسمَعُ، فَأَسنَدَهُ إِلَى صَدرِه، فَقالَ لَها: إِنِّي

أُحَرِّجُ عَلَيك بِما لي عَلَيك مِنَ الحَقّ أَن تَندُبينيَ بَعدَ مَجلِسِك هَذا، فَأَمّا عَينُك فَلَن أَملِكَها، إِنَّهُ لَيسَ مِن مَيِّتٍ يُندَبُ بِما لَيسَ فيه إِلاَّ المَلائِكَةُ تَمقُتُه.

82.قال ابن سعد في «كتاب الطبقات الكبير»: يَزِيدُ بْنُ هَارُونَ، وَعَبْدُ الْمَلِكِ بْنُ عَمْرٍو أَبُو عَامِرٍ الْعَقَدِيُّ، وَهِشَامٌ أَبُو الْوَلِيدِ الطَّيَالِسِيُّ، قَالُوا: أَخْبَرَنَا شُعْبَةُ بْنُ الْحَجَّاجِ، عَنْ أَبِي حَمْزَةَ، قَالَ: سَمِعْتُ رَجُلا مِنْ بَنِي تَمِيمٍ يُقَالُ لَهُ: جُوَيْرِيَةُ بْنُ قُدَامَةَ، قَالَ: حَجَجْتُ عَامَ تُوُفِّيَ عُمَرُ فَأَتَى الْمَدِينَةَ فَخَطَبَ فَقَالَ: " رَأَيْتُ كَأَنَّ دِيكًا نَقَرَنِي "، فَمَا عَاشَ إِلا تِلْكَ الْجُمُعَةِ حَتَّى طُعِنَ.

قَالَ: فَدَخَلَ عَلَيْهِ أَصْحَابُ النَّبِيِّ ﷺ ثُمَّ أَهْلُ الْمَدِينَةِ، ثُمَّ أَهْلُ الشَّامِ، ثُمَّ أَهْلُ الْعِرَاقِ، قَالَ: فَكُنَّا آخِرُ مَنْ دَخَلَ عَلَيْهِ، قَالَ: فَكُلَّمَا دَخَلَ قَوْمٌ بَكَوْا وَأَثْنَوْا عَلَيْهِ، قَالَ: فَكُنْتُ فِي مَنْ دَخَلَ، فَإِذَا هُوَ قَدْ عَصَبَ عَلَى جِرَاحَتِهِ.

قَالَ: فَسَأَلْنَاهُ الْوَصِيَّةَ، قَالَ: وَمَا سَأَلَهُ الْوَصِيَّةَ أَحَدٌ غَيْرُنَا، فَقَالَ: " أُوصِيكُمْ بِكِتَابِ اللَّهِ فَإِنَّكُمْ لَنْ تَضِلُّوا مَا اتَّبَعْتُمُوهُ، وَأُوصِيكُمْ بِالْمُهَاجِرِينَ فَإِنَّ النَّاسَ يَكْثُرُونَ وَيَقِلُّونَ، وَأُوصِيكُمْ بِالأَنْصَارِ فَإِنَّهُمْ شِعْبُ الإِسْلامِ الَّذِي لَجَأَ إِلَيْهِ، وَأُوصِيكُمْ بِالأَعْرَابِ فَإِنَّهُمْ أَصْلُكُمْ وَمَادَّتُكُمْ "، قَالَ شُعْبَةُ: ثُمَّ حَدَّثَنِيهِ مَرَّةً أُخْرَى فَزَادَ فِيهِ: " فَإِنَّهُمْ أَصْلُكُمْ وَمَادَّتُكُمْ وَإِخْوَانُكُمْ وَعَدُوُّ عَدُوِّكُمْ، وَأُوصِيكُمْ بِأَهْلِ الذِّمَّةِ فَإِنَّهُمْ ذِمَّةُ نَبِيِّكُمْ، وَأَرْزَاقُ عِيَالِكُمْ، قُومُوا عَنِّي "

- وقال ابن شبة في «أخبار المدينة»: حَدَّثَنَا عَمْرُو بْنُ مَرْزُوقٍ، قال: حَدَّثَنَا شُعْبَةُ، عَنْ أَبِي جَمْرَةَ، أَنَّهُ سَمِعَ جُوَيْرِيَةَ بْنَ قُدَامَةَ، أَنَّهُ حَجَّ عَامَ قُتِلَ عُمَرُ رَضِيَ اللَّهُ عَنْهُ، قَالَ: فَمَرَرْنَا بِالْمَدِينَةِ فَقَامَ فَخَطَبَ النَّاسَ: " إِنِّي رَأَيْتُ كَأَنَّ دِيكًا أَحْمَرَ نَقَرَ فِيَّ نَقْرَةً أَوْ نَقْرَتَيْنِ ". فَمَا لَبِثَ إِلا الْجُمُعَةَ حَتَّى طُعِنَ فَأَذِنَ لِلنَّاسِ، فَكَانَ أَوَّلُ مَنْ دَخَلَ عَلَيْهِ أَصْحَابَ النَّبِيِّ ﷺ ثُمَّ أَهْلَ الْمَدِينَةِ، ثُمَّ أَهْلَ الشَّامِ.

ثُمَّ أَذِنَ لأَهْلِ الْعِرَاقِ، فَدَخَلْتُ فِيمَنْ دَخَلَ، قَالَ: فَكَانَ كُلَّمَا دَخَلَ عَلَيْهِ قَوْمٌ أَثْنَوْا عَلَيْهِ وَبَكَوْا، قَالَ: فَلَمَّا دَخَلْنَا عَلَيْهِ، قَالَ: وَقَدْ

عَصَبَ بَطْنَهُ بِعِمَامَةٍ سَوْدَاءَ وَالدَّمُ يَسِيلُ، قَالَ: فَقُلْنَا: أَوْصِنَا، قَالَ: وَمَا سَأَلَهُ الْوَصِيَّةَ أَحَدٌ غَيْرَنَا، فَقَالَ: " عَلَيْكُمْ بِكِتَابِ اللَّهِ، فَإِنَّكُمْ لَنْ تَضِلُّوا مَا اتَّبَعْتُمُوهُ "، فَقُلْنَا: أَوْصِنَا، فَقَالَ: " أُوصِيكُمْ بِالْمُهَاجِرِينَ، فَإِنَّ النَّاسَ سَيَكْثُرُونَ وَتَقِلُّونَ، وَأُوصِيكُمْ بِالْأَنْصَارِ، فَإِنَّهُمْ شِعْبُ الْإِسْلَامِ الَّذِي لُجِئَ إِلَيْهِ، وَأُوصِيكُمْ بِالْأَعْرَابِ، فَإِنَّهُمْ أَصْلُكُمْ وَمَادَّتُكُمْ، وَأُوصِيكُمْ بِأَهْلِ ذِمَّتِكُمْ، فَإِنَّهُمْ عَهْدُ نَبِيِّكُمْ وَرِزْقُ عِيَالِكُمْ، قُومُوا عَنِّي ". قَالَ: فَمَا زَادَ عَلَى هَؤُلَاءِ الْكَلِمَاتِ، قَالَ مُحَمَّدُ بْنُ جَعْفَرٍ، قَالَ شُعْبَةُ: ثُمَّ سَأَلْتُهُ بَعْدَ ذَلِكَ، فَقَالَ فِي الْأَعْرَابِ: " وَأُوصِيكُمْ بِالْأَعْرَابِ فَإِنَّهُمْ إِخْوَانُكُمْ وَعَدُوُّ عَدُوِّكُمْ."

83. رَوى عبد الرزاق في مصنفه: عَنْ مَعْمَرٍ، عَنِ الزُّهْرِيِّ، عَنْ سَالِمٍ، عَنِ ابْنِ عُمَرَ، قَالَ: " دَعَا عُمَرُ حِينَ طُعِنَ عَلِيًّا، وَعُثْمَانَ، وَعَبْدَ الرَّحْمَنِ بْنَ عَوْفٍ وَالزُّبَيْرَ، قَالَ: وَأَحْسِبُهُ، قَالَ: وَسَعْدَ بْنَ أَبِي وَقَّاصٍ، فَقَالَ: إِنِّي نَظَرْتُ فِي أَمْرِ النَّاسِ فَلَمْ أَرَ عِنْدَهُمْ شِقَاقًا، فَإِنْ يَكُ شِقَاقٌ فَهُوَ فِيكُمْ، ثُمَّ إِنَّ قَوْمَكُمْ إِنَّمَا يُؤَمِّرُونَ أَحَدَكُمْ أَيُّهَا الثَّلَاثَةُ، فَإِنْ كُنْتَ عَلَى شَيْءٍ مِنْ أَمْرِ النَّاسِ يَا عَلِيُّ فَاتَّقِ اللَّهَ، وَلَا تَحْمِلْ بَنِي هَاشِمٍ عَلَى رِقَابِ النَّاسِ "، قَالَ مَعْمَرٌ: وَقَالَ غَيْرُ الزُّهْرِيِّ: لَا تَحْمِلْ بَنِي أَبِي رُكَانَةَ عَلَى رِقَابِ النَّاسِ.

قَالَ مَعْمَرٌ: وَقَالَ الزُّهْرِيُّ فِي حَدِيثِهِ، عَنْ سَالِمٍ، عَنِ ابْنِ عُمَرَ، قَالَ: " وَإِنْ كُنْتَ يَا عُثْمَانُ عَلَى شَيْءٍ فَاتَّقِ اللَّهَ، وَلَا تَحْمِلْ بَنِي أَبِي مُعَيْطٍ عَلَى رِقَابِ النَّاسِ، وَإِنْ كُنْتَ عَلَى شَيْءٍ مِنْ أُمُورِ النَّاسِ يَا عَبْدَ الرَّحْمَنِ فَاتَّقِ اللَّهَ، وَلَا تَحْمِلْ أَقَارِبَكَ عَلَى رِقَابِ النَّاسِ، فَتَشَاوَرُوا، ثُمَّ أَمِّرُوا أَحَدَكُمْ، قَالَ: فَقَامُوا لِيَتَشَاوَرُوا، قَالَ عَبْدُ اللَّهِ بْنُ عُمَرَ: فَدَعَانِي عُثْمَانُ لِيُشَاوِرَنِي وَلَمْ يُدْخِلْنِي عُمَرُ فِي الشُّورَى، فَلَمَّا أَكْثَرَ أَنْ يَدْعُونِي، قُلْتُ: أَلَا تَتَّقُونَ اللَّهَ؟ أَتُؤَمِّرُونَ وَأَمِيرُ الْمُؤْمِنِينَ حَيٌّ بَعْدُ؟ قَالَ: فَكَأَنَّمَا أَيْقَظْتُ عُمَرَ فَدَعَاهُمْ، فَقَالَ: أَمْهِلُوا، لِيُصَلِّ بِالنَّاسِ صُهَيْبٌ، ثُمَّ تَشَاوَرُوا، ثُمَّ أَجْمِعُوا أَمْرَكُمْ فِي الثَّلَاثِ، وَاجْمَعُوا أُمَرَاءَ الْأَجْنَادِ، فَمَنْ تَأَمَّرَ مِنْكُمْ

مِنْ غَيْرِ مَشُورَةٍ مِنَ الْمُسْلِمِينَ فَاقْتُلُوهُ، قَالَ ابْنُ عُمَرَ: وَاللَّهِ مَا أُحِبُّ أَنِّي كُنْتُ مَعَهُمْ، لأَنِّي قَلَّ مَا رَأَيْتُ عُمَرَ يُحَرِّكُ شَفَتَيْهِ إِلا كَانَ بَعْضُ الَّذِي يَقُولُ.

قَالَ الزُّهْرِيُّ: فَلَمَّا مَاتَ عُمَرُ اجْتَمَعُوا، فَقَالَ لَهُمْ عَبْدُ الرَّحْمَنِ بْنُ عَوْفٍ: إِنْ شِئْتُمُ اخْتَرْتُ لَكُمْ مِنْكُمْ، فَوَلَّوْهُ ذَلِكَ، قَالَ الْمِسْوَرُ: فَمَا رَأَيْتُ مِثْلَ عَبْدِ الرَّحْمَنِ، وَاللَّهِ مَا تَرَكَ أَحَدًا مِنَ الْمُهَاجِرِينَ وَالأَنْصَارِ وَلا ذَوِي غَيْرِهِمْ مِنْ ذَوِي الرَّأْيِ إِلا اسْتَشَارَهُمْ تِلْكَ اللَّيْلَةَ."

84.قال ابن أبي شيبة في مصنفه: حَدَّثَنَا جَعْفَرُ بْنُ عَوْنٍ، عَنْ مُحَمَّدِ بْنِ شَرِيكٍ، عَنِ ابْنِ أَبِي مُلَيْكَةَ، قَالَ: مَا خَصَّ عُمَرُ أَحَدًا مِنْ أَهْلِ الشُّورَى دُونَ أَحَدٍ، إِلَّا أَنَّهُ خَلَا بِعَلِيٍّ وَعُثْمَانَ، كُلُّ وَاحِدٍ مِنْهُمَا عَلَى حِدَةٍ، فَقَالَ: " يَا فُلَانُ، اتَّقِ اللَّهَ فَإِنِ ابْتَلَاكَ اللَّهُ بِهَذَا الْأَمْرِ فَلَا تَرْفَعْ بَنِي فُلَانٍ عَلَى رِقَابِ النَّاسِ "، وَقَالَ لِلْآخَرِ مِثْلَ ذَلِكَ.

قلت: الظاهر أن إسناده مرسل، والله أعلم.

85.وقال ابن أبي شيبة في مصنفه: حَدَّثَنَا ابْنُ إِدْرِيسَ ، عَنْ شُعْبَةَ ، عَنْ سَعْدِ بْنِ إِبْرَاهِيمَ ، عَنِ ابْنِ مِينَاءَ ، عَنِ الْمِسْوَرِ بْنِ مَخْرَمَةَ ، قَالَ : سَمِعْتُ عُمَرَ ، وَإِنَّ إِحْدَى أَصَابِعِي فِي جُرْحِهِ هَذِهِ ، أَوْ هَذِهِ ، أَوْ هَذِهِ ، وَهُوَ يَقُولُ : يَا مَعْشَرَ قُرَيْشٍ ، إِنِّي لاَ أَخَافُ النَّاسَ عَلَيْكُمْ ، إِنَّمَا أَخَافُكُمْ عَلَى النَّاسِ ، إِنِّي قَدْ تَرَكْتُ فِيكُمْ ثِنْتَيْنِ ، لَنْ تَبْرَحُوا بِخَيْرٍ مَا لَزِمْتُمُوهُمَا : الْعَدْلُ فِي الْحُكْمِ ، وَالْعَدْلُ فِي الْقَسْمِ ، وَإِنِّي قَدْ تَرَكْتُكُمْ عَلَى مِثْلِ مَخْرَفَةِ النَّعَمِ ، إِلاَّ أَنْ يَعْوَجَّ قَوْمٌ ، فَيُعْوَجَّ بِهِمْ.

قلت: ابن ميناء هو الحكم بن ميناء.

86.وقال ابن سعد في «كتاب الطبقات الكبير»: أَخبَرنا عَفّانُ بن مُسلِمٍ، قالَ: أَخبَرنا حَمّاد بن سَلَمَةَ، قالَ: أَخبَرنا يوسُفُ بن سَعدٍ، عَن عَبد الله بن حُنَينٍ، عَن شَدّاد بن أَوسٍ، عَن كَعبٍ, قالَ: كانَ في بَني إِسرائيلَ مَلِكٌ إِذا ذَكَرناهُ ذَكَرنا عُمَرَ وإِذا

ذَكَرنا عُمَر ذَكَرناهُ، وكانَ إِلَى جَنبِه نَبيٌّ يوحَى إِلَيه، فَأَوحَى الله إِلَى النَّبيِّ ﷺ أن يَقولَ لَهُ: اعهَد عَهدَكَ, واكتُب إِلَيَّ وصيَّتَكَ, فَإِنَّكَ مَيِّتٌ إِلَى ثَلاثَة أَيّامٍ.

فَأَخبَرَهُ النَّبيُّ بِذَلِكَ، فَلَمّا كانَ في اليَوم الثّالِث, وقَعَ بَينَ الجدر وبَينَ السَّرير, ثُمَّ جَأَرَ إِلَى رَبِّه, فَقالَ: اللَّهُمَّ إن كُنتَ تَعلَمُ إِنِّي كُنتُ أَعدِلُ في الحُكمِ، وإِذا اختَلَفَت الأُمورُ اتَّبَعتُ هَواكَ، وكُنتُ وكُنتُ، فَزِدني في عُمُري حَتى يَكبُرَ طِفلي، وتَربوَ أُمَّتي، فَأَوحَى الله إِلَى النَّبيِّ أَنَّهُ قَد قالَ كَذا وكَذا، وقَد صَدَقَ، وقَد زِدتُهُ في عُمُرِه خَمسَ عَشرَةَ سَنَةً، فَفي ذَلِكَ ما يَكبُرُ طِفلَهُ, وتَربو أُمَّتُهُ. فَلَمّا طُعِنَ عُمَرُ, قالَ كَعبٌ: لَئِن سَأَلَ عُمَرُ رَبَّهُ لَيُبقيَنَّهُ الله، فَأُخبِرَ بِذَلِكَ عُمَرُ، فَقالَ عُمَرُ: اللَّهُمَّ اقبِضني إِلَيكَ غَيرَ عاجِزٍ ولاَ مَلومٍ.

87. وقال الفسوي في كتاب «المعرفة والتاريخ»: حَدَّثَنَا الْحُمَيْدِيُّ، ثَنَا سُفْيَانُ، ثَنَا ابْنُ أَبِي خَالِدٍ، قَالَ: سَمِعْتُ أُمَّ خُنَيْسٍ تَقُولُ: ذَهَبْتُ مَعَ مَوْلَاتِي عَمْرَةَ بِنْتِ رَوَّاحَةَ أُخْتِ عَبْدِ اللَّهِ بْنِ رَوَّاحَةَ أَمِّ النُّعْمَانِ بْنِ بَشِيرٍ إِلَى عُمَرَ نُسَلِّمُ عَلَيْهِ حِينَ طُعِنَ، فَسَمِعْتُهُ يَقُولُ: إِنِّي قَدْ أَقَمْتُ لَكُمُ الطُّرُقَ فَلَا تُعَوِّجُوهَا بَعْدِي.

أخبار وفاة أمير المؤمنين وجنازته ودفنه

88. قال ابن سعد في «كتاب الطبقات الكبير»: أَخبَرنا عَبدُ الله بن مَسلَمَةَ بن قَعنَبٍ الحارِثيُّ، قالَ: أَخبَرنا مالِكُ بن أَنَسٍ. ح قالَ: وأَخبَرنا سُلَيمانُ بن حَربٍ، وعارِمُ بن الفَضلِ، قالاَ: أَخبَرنا حَماد بن زَيدٍ، جَميعًا عَن يَحيَى بن سَعيدٍ، عَن عَبد الرَّحمَن بن أَبانَ بن عُثمانَ، عَن أَبيه، عَن عُثمانَ بن عَفّانَ قالَ: أَنا آخِرُكُم عَهدًا بِعُمَر، دَخَلتُ عَلَيه ورَأسُهُ في حِجر ابنِه عَبد الله بن عُمَر فَقالَ لَهُ: ضَع خَدّي بِالأَرضِ، قالَ: فَهَل فَخِذي والأَرضُ إِلاَّ سَواءٌ؟ قالَ: ضَع خَدّي بِالأَرض لاَ أُمَّ لَكَ، في الثّانيَة أَو في الثّالِثَةِ، ثُمَّ شَبَّكَ بَينَ رِجلَيه، فَسَمِعتُهُ يَقول: ويلي ووَيلُ أُمّي إِن لَم يَغفِر الله لي، حَتى فاظَت نَفسُهُ.

- وقال ابن سعد: أَخْبَرَنَا وَهْبُ بْنُ جَرِيرٍ، قَالَ: أَخْبَرَنَا شُعْبَةُ، عَنْ عَاصِمِ بْنِ عُبَيْدِ اللَّهِ، عَنْ عَبْدِ اللَّهِ بْنِ عَامِرِ بْنِ رَبِيعَةَ، أَنَّ عُمَرَ قَالَ لِعَبْدِ اللَّهِ بْنِ عُمَرَ، وَرَأْسُهُ فِي حِجْرِهِ: " ضَعْ خَدِّي فِي الأَرْضِ "، فَقَالَ: وَمَا عَلَيْكَ فِي الأَرْضِ كَانَ أَوْ فِي حِجْرِي؟ قَالَ: " ضَعْهُ فِي الأَرْضِ "، ثُمَّ قَالَ: " وَيْلٌ لِي وَلأُمِّي إِنْ لَمْ يَغْفِرِ اللَّهُ لِي "، ثَلاثًا.

89. قال مسلم في صحيحه: حَدَّثَنِي أَبُو غَسَّانَ الرَّازِيُّ مُحَمَّدُ بْنُ عَمْرٍو، حَدَّثَنَا حَكَّامُ بْنُ سَلْمٍ، حَدَّثَنَا عُثْمَانُ بْنُ زَائِدَةَ، عَنْ الزُّبَيْرِ بْنِ عَدِيٍّ، عَنْ أَنَسِ بْنِ مَالِكٍ، قَالَ: " قُبِضَ رَسُولُ اللَّهِ ﷺ وَهُوَ ابْنُ ثَلَاثٍ وَسِتِّينَ "، وَأَبُو بَكْرٍ وَهُوَ ابْنُ ثَلَاثٍ وَسِتِّينَ، وَعُمَرُ وَهُوَ ابْنُ ثَلَاثٍ وَسِتِّينَ."

90. وقال مسلم في صحيحه: وحَدَّثَنَا عَبْدُ اللَّهِ بْنُ عُمَرَ بْنِ مُحَمَّدِ بْنِ أَبَانَ الْجُعْفِيُّ، حَدَّثَنَا سَلَّامٌ أَبُو الْأَحْوَصِ، عَنْ أَبِي إِسْحَاقَ، قَالَ: كُنْتُ جَالِسًا مَعَ عَبْدِ اللَّهِ بْنِ عُتْبَةَ، فَذَكَرُوا سِنِي رَسُولِ اللَّهِ ﷺ فَقَالَ بَعْضُ الْقَوْمِ: كَانَ أَبُو بَكْرٍ أَكْبَرَ مِنْ رَسُولِ اللَّهِ ﷺ قَالَ عَبْدُ اللَّهِ: قُبِضَ رَسُولُ اللَّهِ ﷺ وَهُوَ ابْنُ ثَلَاثٍ وَسِتِّينَ "، وَمَاتَ أَبُو بَكْرٍ، وَهُوَ ابْنُ ثَلَاثٍ وَسِتِّينَ، وَقُتِلَ عُمَرُ، وَهُوَ ابْنُ ثَلَاثٍ وَسِتِّينَ.

قَالَ: فَقَالَ رَجُلٌ مِنَ الْقَوْمِ، يُقَالُ لَهُ: عَامِرُ بْنُ سَعْدٍ. حَدَّثَنَا جَرِيرٌ، قَالَ: كُنَّا قُعُودًا عِنْدَ مُعَاوِيَةَ، فَذَكَرُوا سِنِي رَسُولِ اللَّهِ ﷺ فَقَالَ مُعَاوِيَةُ: قُبِضَ رَسُولُ اللَّهِ ﷺ وَهُوَ ابْنُ ثَلَاثٍ وَسِتِّينَ سَنَةً، وَمَاتَ أَبُو بَكْرٍ وَهُوَ ابْنُ ثَلَاثٍ وَسِتِّينَ، وَقُتِلَ عُمَرُ وَهُوَ ابْنُ ثَلَاثٍ وَسِتِّينَ.

91. قال ابن سعد في «كتاب الطبقات الكبير»: أَخبَرنا مَعنُ بن عيسَى، قالَ: أَخبَرنا مالِكٌ، عَن نافِعٍ، عَن عَبد الله بن عُمَر؛ أَنَّ عُمَر بنَ الخَطّاب غُسِّلَ وكُفِّنَ وصُلِّيَ عَلَيه، وكانَ شَهيدًا.

92. وقال البخاري في صحيحه: حَدَّثَنِي الْوَلِيدُ بْنُ صَالِحٍ، حَدَّثَنَا عِيسَى بْنُ يُونُسَ، حَدَّثَنَا عُمَرُ بْنُ سَعِيدِ بْنِ أَبِي الْحُسَيْنِ الْمَكِّيُّ، عَنْ ابْنِ أَبِي مُلَيْكَةَ، عَنْ ابْنِ عَبَّاسٍ رَضِيَ اللَّهُ عَنْهُمَا، قَالَ: إِنِّي لَوَاقِفٌ فِي قَوْمٍ فَدَعَوْا اللَّهَ لِعُمَرَ بْنِ الْخَطَّابِ

وَقَدْ وُضِعَ عَلَى سَرِيرِهِ إِذَا رَجُلٌ مِنْ خَلْفِي قَدْ وَضَعَ مِرْفَقَهُ عَلَى مَنْكِبِي، يَقُولُ: " رَحِمَكَ اللَّهُ إِنْ كُنْتُ لَأَرْجُو أَنْ يَجْعَلَكَ اللَّهُ مَعَ صَاحِبَيْكَ، لِأَنِّي كَثِيرًا مَا كُنْتُ أَسْمَعُ رَسُولَ اللَّهِ ﷺ يَقُولُ: كُنْتُ وَأَبُو بَكْرٍ، وَعُمَرُ وَفَعَلْتُ وَأَبُو بَكْرٍ، وَعُمَرُ وَانْطَلَقْتُ وَأَبُو بَكْرٍ، وَعُمَرُ، فَإِنْ كُنْتُ لَأَرْجُو أَنْ يَجْعَلَكَ اللَّهُ مَعَهُمَا، فَالْتَفَتُّ فَإِذَا هُوَ عَلِيُّ بْنُ أَبِي طَالِبٍ."

93.وقال الفسوي في «المعرفة والتاريخ»: حَدَّثَنَا أَبُو بَكْرٍ، [...]، وَقَالَ: حَدَّثَنَا سُفْيَانُ، حَدَّثَنَا جَعْفَرٌ، عَنْ أَبِيهِ، عَنْ جَابِرِ بْنِ عَبْدِ اللَّهِ، قَالَ: دَخَلَ عَلِيُّ بْنُ أَبِي طَالِبٍ عَلَى عُمَرَ وَهُوَ مُسَجًّى فَقَالَ: صَلَّى اللَّهُ عَلَيْكَ. مَا مِنَ النَّاسِ أَحَدٌ أَحَبَّ إِلَيَّ مِنْ أَنْ أَلْقَى اللَّهَ بِمَا فِي صَحِيفَتِهِ مِنْ هَذَا الْمُسَجَّى عَلَيْهِ.

94.قال ابن سعد في «كتاب الطبقات الكبير لابن سعد»: أَخبَرنا الفَضلُ بن دُكَينٍ، قالَ: أَخبَرنا مالِكُ بن أَنَسٍ، عَن نافِعٍ، عَن ابن عُمَر أَنَّ عُمَر صُلّي عَلَيه في مَسجِد رَسول الله ﷺ.

- قال ابن سعد في «كتاب الطبقات الكبير»: أَخبَرنا الفَضلُ بن دُكَينٍ، قالَ: أَخبَرنا عَبدُ الله العُمَريُّ، عَن نافِعٍ، عَن ابن عُمَر قالَ: صُلّيَ عَلَى عُمَر في مَسجِد رَسول الله ﷺ.

95.قال أبو زرعة الدمشقي في تاريخه: قال: سُلَيْمَانُ بْنُ حَرْبٍ فِيمَا حَدَّثَنِي الْعَبَّاسُ الْعَنْبَرِيُّ، عَنْهُ، قال: حَدَّثَنَا وُهَيْبٌ، عَنْ عُبَيْدِ اللَّهِ، عَنْ نَافِعٍ، عَنِ ابْنِ عُمَرَ أَنَّ صُهَيْبًا صَلَّى عَلَى عُمَرَ."

- وقال ابن أبي شيبة في مصنفه: حَدَّثَنَا ابْنُ إِدْرِيسَ، عَنْ عَبْدِ الْعَزِيزِ بْنِ عُمَرَ، عَنْ إِبْرَاهِيمَ بْنِ زُرْعَةَ عَالِمٍ مِنْ عُلَمَاءِ أَهْلِ الشَّامِ، قَالَ: قُلْتُ لَهُ: مَنْ صَلَّى عَلَى عُمَرَ؟ قَالَ: " صُهَيْبٌ."

96.وقال الإمام أحمد في مسنده: حدَّثَنَا حَمَّادُ بْنُ أُسَامَةَ، قَالَ: أَخْبَرَنَا هِشَامٌ، عَنْ أَبِيهِ، عَنْ عَائِشَةَ، قَالَتْ: " كُنْتُ أَدْخُلُ بَيْتِي الَّذِي دُفِنَ فِيهِ رَسُولُ اللَّهِ ﷺ وَأَبِي،

فَأَضَعُ ثَوْبِي، فَأَقُولُ: إِنَّمَا هُوَ زَوْجِي وَأَبِي، فَلَمَّا دُفِنَ عُمَرُ مَعَهُمْ، فَوَاللَّهِ مَا دَخَلْتُ إِلَّا وَأَنَا مَشْدُودَةٌ عَلَيَّ ثِيَابِي حَيَاءً مِنْ عُمَرَ."

97. وقال ابن سعد في «كتاب الطبقات الكبير»: أَخبَرنا مُحَمد بن عَبد الله الأَنصاريُّ وعَبدُ الله بن بَكرٍ السَّهميُّ وعَبدُ الوَهّاب بن عَطاءٍ العِجليُّ، قالوا: أَخبَرنا حُمَيدٌ الطَّويلُ، قالَ: قالَ أَنَسُ بن مالِكٍ: لَمّا أُصيبَ عُمَرُ بن الخَطّاب قالَ أَبو طَلحَةَ: ما مِن أَهل بَيتٍ مِنَ العَرَب حاضِرٍ ولاَ بادٍ إِلاَّ قَد دَخَلَ عَلَيهم بِقَتل عُمَر نَقصٌ.

98. وقال البخاري في كتاب «التاريخ الأوسط»: حَدثنَا أَبُو نعيم، ثَنَا سُفْيَانُ، عَنْ قَيْسٍ، عَنْ طَارِقِ بْنِ شِهَابٍ، قَالَ: قَالَتْ أُمُّ أَيْمَنَ حِينَ قُتِلَ عُمَرُ: "الْيَوْم وَهِيَ الْإِسْلَام."

خبر عُبَيْدِ الله بن عمر بعد مقتل أبيه

99. قال ابن سعد في كتاب «الطبقات الكبير»: أَخْبَرَنَا يَعْقُوبُ بْنُ إِبْرَاهِيمَ بْنِ سَعْدٍ الزُّهْرِيُّ، عَنْ أَبِيهِ، عَنْ صَالِحِ بْنِ كَيْسَانَ، عَنِ ابْنِ شِهَابٍ، قَالَ أَخْبَرَنِي سَعِيدُ بْنُ الْمُسَيِّبِ، أَنَّ عَبْدَ الرَّحْمَنِ بْنَ أَبِي بَكْرٍ الصِّدِّيقِ، قَالَ حِينَ قُتِلَ عُمَرُ: قَدْ مَرَرْتُ عَلَى أَبِي لُؤْلُؤَةَ قَاتِلِ عُمَرَ وَمَعَهُ جُفَيْنَةُ، وَالْهُرْمُزَانُ وَهُمْ نَجِيٌّ، فَلَمَّا بَغَتُّهُمْ ثَارُوا فَسَقَطَ مِنْ بَيْنِهِمْ خِنْجَرٌ لَهُ رَأْسَانِ وَنِصَابُهُ وَسَطُهُ، فَانْظُرُوا مَا الْخِنْجَرُ الَّذِي قُتِلَ بِهِ عُمَرُ، فَوَجَدُوهُ الْخِنْجَرَ الَّذِي نَعَتَ عَبْدُ الرَّحْمَنِ بْنُ أَبِي بَكْرٍ.

فَانْطَلَقَ عُبَيْدُ اللَّهِ بْنُ عُمَرَ حِينَ سَمِعَ ذَلِكَ مِنْ عَبْدِ الرَّحْمَنِ بْنِ أَبِي بَكْرٍ وَمَعَهُ السَّيْفُ حَتَّى دَعَا الْهُرْمُزَانَ فَلَمَّا خَرَجَ إِلَيْهِ، قَالَ: انْطَلِقْ مَعِي حَتَّى نَنْظُرَ إِلَى فَرَسٍ لِي، وَتَأَخَّرَ عَنْهُ حَتَّى إِذَا مَضَى بَيْنَ يَدَيْهِ عَلاهُ بِالسَّيْفِ، قَالَ عُبَيْدُ اللَّهِ: فَلَمَّا وَجَدَ حَرَّ السَّيْفِ، قَالَ: لا إِلَهَ إِلا اللَّهُ!

قَالَ عُبَيْدُ اللَّهِ: وَدَعَوْتُ جُفَيْنَةَ وَكَانَ نَصْرَانِيًّا مِنْ نَصَارَى الْحِيرَةِ وَكَانَ ظِئْرًا لِسَعْدِ بْنِ أَبِي وَقَّاصٍ أَقْدَمَهُ الْمَدِينَةَ لِلْمِلْحِ الَّذِي كَانَ بَيْنَهُ وَبَيْنَهُ، وَكَانَ يُعَلِّمُ الْكِتَابَ

بِالْمَدِينَةِ، قَالَ عُبَيْدُ اللَّهِ: فَلَمَّا عَلَوْتُهُ بِالسَّيْفِ صَلَّبَ بَيْنَ عَيْنَيْهِ. ثُمَّ انْطَلَقَ عُبَيْدُ اللَّهِ فَقَتَلَ ابْنَةً لِأَبِي لُؤْلُؤَةَ صَغِيرَةً تَدَّعِي الْإِسْلَامَ.

وَأَرَادَ عُبَيْدُ اللَّهِ أَنْ لَا يَتْرُكَ سَبِيًّا بِالْمَدِينَةِ إِلَّا قَتَلَهُ، فَاجْتَمَعَ الْمُهَاجِرُونَ الْأَوَّلُونَ عَلَيْهِ فَنَهَوْهُ وَتَوَعَّدُوهُ، فَقَالَ: وَاللَّهِ لَأَقْتُلَنَّهُمْ وَغَيْرَهُمْ، وَعَرَّضَ بِبَعْضِ الْمُهَاجِرِينَ، فَلَمْ يَزَلْ عَمْرُو بْنُ الْعَاصِ بِهِ حَتَّى دَفَعَ إِلَيْهِ السَّيْفَ، فَلَمَّا دَفَعَ إِلَيْهِ السَّيْفَ أَتَاهُ سَعْدُ بْنُ أَبِي وَقَّاصٍ فَأَخَذَ كُلُّ وَاحِدٍ مِنْهُمَا بِرَأْسِ صَاحِبِهِ يَتَنَاصَيَانِ حَتَّى حُجِزَ بَيْنَهُمَا، ثُمَّ أَقْبَلَ عُثْمَانُ قَبْلَ أَنْ يُبَايَعَ لَهُ فِي تِلْكَ اللَّيَالِي حَتَّى وَاقَعَ عُبَيْدَ اللَّهِ فَتَنَاصَيَا وَأَظْلَمَتِ الْأَرْضُ يَوْمَ قَتَلَ عُبَيْدُ اللَّهِ جُفَيْنَةَ، وَالْهُرْمُزَانَ، وَابْنَةَ أَبِي لُؤْلُؤَةَ عَلَى النَّاسِ، ثُمَّ حُجِزَ بَيْنَهُ وَبَيْنَ عُثْمَانَ.

فَلَمَّا اسْتُخْلِفَ عُثْمَانُ دَعَا الْمُهَاجِرِينَ وَالْأَنْصَارَ فَقَالَ: " أَشِيرُوا عَلَيَّ فِي قَتْلِ هَذَا الرَّجُلِ الَّذِي فَتَقَ فِي الدِّينِ مَا فَتَقَ "، فَاجْتَمَعَ الْمُهَاجِرُونَ عَلَى كَلِمَةٍ وَاحِدَةٍ يُشَايِعُونَ عُثْمَانَ عَلَى قَتْلِهِ، وَجُلُّ النَّاسِ الْأَعْظَمُ مَعَ عُبَيْدِ اللَّهِ يَقُولُونَ لِجُفَيْنَةَ، وَالْهُرْمُزَانِ، أَبْعَدَهُمَا اللَّهُ: لَعَلَّكُمْ تُرِيدُونَ أَنْ تُتْبِعُوا عُمَرَ ابْنَهُ؟

فَكَثُرَ فِي ذَلِكَ اللَّغَطُ وَالِاخْتِلَافُ، ثُمَّ قَالَ عَمْرُو بْنُ الْعَاصِ لِعُثْمَانَ: يَا أَمِيرَ الْمُؤْمِنِينَ، إِنَّ هَذَا الْأَمْرَ قَدْ كَانَ قَبْلَ أَنْ يَكُونَ لَكَ عَلَى النَّاسِ سُلْطَانٌ فَأَعْرِضْ عَنْهُمْ، وَتَفَرَّقَ النَّاسُ عَنْ خُطْبَةِ عَمْرٍو وَانْتَهَى إِلَيْهِ عُثْمَانُ وَوُدِيَ الرَّجُلَانِ وَالْجَارِيَةُ.

قَالَ مُحَمَّدُ بْنُ شِهَابٍ: قَالَ حَمْزَةُ بْنُ عَبْدِ اللَّهِ: قَالَ عَبْدُ اللَّهِ بْنُ عُمَرَ: "يَرْحَمُ اللَّهُ حَفْصَةَ، فَإِنَّهَا مِمَّنْ شَجَّعَ عُبَيْدَ اللَّهِ عَلَى قَتْلِهِمْ."

100. وقال عبد الرزاق في مصنفه: قَالَ مَعْمَرٌ: [....]، قَالَ الزُّهْرِيُّ: فَأَخْبَرَنِي سَعِيدُ بْنُ الْمُسَيِّبِ، أَنَّ عَبْدَ الرَّحْمَنِ بْنَ أَبِي بَكْرٍ وَلَمْ نُجَرِّبْ عَلَيْهِ كِذْبَةً قَطُّ، قَالَ: " حِينَ قُتِلَ عُمَرُ: انْتَهَيْتُ إِلَى الْهُرْمُزَانِ وَجُفَيْنَةَ وَأَبِي لُؤْلُؤَةَ وَهُمْ نَجِيٌّ، فَبَغَتُّهُمْ فَثَارُوا وَسَقَطَ مِنْ بَيْنِهِمْ خِنْجَرٌ لَهُ رَأْسَانِ، نِصَابُهُ فِي وَسَطِهِ، فَقَالَ عَبْدُ الرَّحْمَنِ: فَانْظُرُوا بِمَا قُتِلَ عُمَرُ؟ فَنَظَرُوا فَوَجَدُوهُ خِنْجَرًا عَلَى النَّعْتِ الَّذِي نَعَتَ عَبْدُ الرَّحْمَنِ.

قَالَ: فَخَرَجَ عُبَيْدُ اللَّهِ بْنُ عُمَرَ مُشْتَمِلا عَلَى السَّيْفِ حَتَّى أُتِي الْهُرْمُزَانَ، فَقَالَ: اصْحَبْنِي حَتَّى نَنْظُرَ إِلَى فَرَسٍ لِي وَكَانَ الْهُرْمُزَانُ بَصِيرًا بِالْخَيْلِ، فَخَرَجَ يَمْشِي بَيْنَ يَدَيْهِ، فَعَلاهُ عُبَيْدُ اللَّهِ بِالسَّيْفِ فَلَمَّا وَجَدَ حَزَّ السَّيْفِ، قَالَ: لا إِلَهَ إِلا اللَّهُ، فَقَتَلَهُ، ثُمَّ أَتَى جُفَيْنَةَ وَكَانَ نَصْرَانِيًّا فَدَعَاهُ فَلَمَّا أَشْرَفَ لَهُ عَلاهُ بِالسَّيْفِ فَصُلِبَ بَيْنَ عَيْنَيْهِ، ثُمَّ أَتَى ابْنَةَ أَبِي لُؤْلُؤَةَ جَارِيَةٌ صَغِيرَةٌ تَدَّعِي الإِسْلامَ فَقَتَلَهَا.

فَأَظْلَمَتِ الْمَدِينَةُ يَوْمَئِذٍ عَلَى أَهْلِهَا، ثُمَّ أَقْبَلَ بِالسَّيْفِ صَلْتًا فِي يَدِهِ وَهُوَ يَقُولُ: وَاللَّهِ لا أَتْرُكُ فِي الْمَدِينَةِ سَبْيًا إِلا قَتَلْتُهُ وَغَيْرَهُمْ وَكَأَنَّهُ يُعَرِّضُ بِنَاسٍ مِنَ الْمُهَاجِرِينَ فَجَعَلُوا، يَقُولُونَ لَهُ: أَلْقِ السَّيْفَ، وَيَأْبَى وَيَهَابُونَهُ أَنْ يَقْرَبُوا مِنْهُ، حَتَّى أَتَاهُ عَمْرُو بْنُ الْعَاصِ، فَقَالَ: أَعْطِنِي السَّيْفَ يَا ابْنَ أَخِي، فَأَعْطَاهُ إِيَّاهُ، ثُمَّ ثَارَ إِلَيْهِ عُثْمَانُ، فَأَخَذَ بِرَأْسِهِ فَتَنَاصَيَا حَتَّى حَجَزَ النَّاسُ بَيْنَهُمَا.

فَلَمَّا وُلِّيَ عُثْمَانُ، قَالَ: أَشِيرُوا عَلَيَّ فِي هَذَا الرَّجُلِ الَّذِي فَتَقَ فِي الإِسْلامِ مَا فَتَقَ يَعْنِي عُبَيْدَ اللَّهِ بْنَ عُمَرَ، فَأَشَارَ عَلَيْهِ الْمُهَاجِرُونَ أَنْ يَقْتُلَهُ، وَقَالَ جَمَاعَةٌ مِنَ النَّاسِ: أَقُتِلَ عُمَرُ أَمْسَ وَتُرِيدُونَ أَنْ تُتْبِعُوهُ ابْنَهُ الْيَوْمَ؟ أَبْعَدَ اللَّهُ الْهُرْمُزَانَ وَجُفَيْنَةَ، قَالَ: فَقَامَ عَمْرُو بْنُ الْعَاصِ، فَقَالَ: يَا أَمِيرَ الْمُؤْمِنِينَ ! إِنَّ اللَّهَ قَدْ أَعْفَاكَ أَنْ يَكُونَ هَذَا الأَمْرُ وَلَكَ عَلَى النَّاسِ مِنْ سُلْطَانٍ، إِنَّمَا كَانَ هَذَا الأَمْرُ وَلا سُلْطَانَ لَكَ، فَاصْفَحْ عَنْهُ يَا أَمِيرَ الْمُؤْمِنِينَ، قَالَ: فَتَفَرَّقَ النَّاسُ عَلَى خُطْبَةِ عَمْرٍو، وَوَدَى عُثْمَانُ الرَّجُلَيْنِ وَالْجَارِيَةَ."

قَالَ الزُّهْرِيُّ: وَأَخْبَرَنِي حَمْزَةُ بْنُ عَبْدِ اللَّهِ بْنِ عُمَرَ، قَالَ: يَرْحَمُ اللَّهُ حَفْصَةَ إِنْ كَانَتْ لَمِمَّنْ شَجَّعَ عُبَيْدَ اللَّهِ عَلَى قَتْلِ الْهُرْمُزَانِ وَجُفَيْنَةَ.

قَالَ الزُّهْرِيُّ: وَأَخْبَرَنِي عَبْدُ اللَّهِ بْنُ ثَعْلَبَةَ، أَوْ قَالَ: ابْنُ خَلِيفَةَ الْخُزَاعِيُّ، قَالَ: رَأَيْتُ الْهُرْمُزَانَ رَفَعَ يَدَهُ يُصَلِّي خَلْفَ عُمَرَ.

قَالَ مَعْمَرٌ: وَقَالَ غَيْرُ الزُّهْرِيِّ: فَقَالَ عُثْمَانُ: أَنَا وَلِيُّ الْهُرْمُزَانِ وَجُفَيْنَةَ وَالْجَارِيَةِ، وَإِنِّي قَدْ جَعَلْتُهُمْ دِيَةً.

خاتمة

101. قال ابن أبي شيبة في مصنفه: حَدَّثَنَا أَبُو مُعَاوِيَةَ، عَنِ الْأَعْمَشِ، عَنْ قَيْسِ بْنِ مُسْلِمٍ، عَنْ طَارِقِ بْنِ شِهَابٍ، قَالَ: لَمَّا قَدِمَ عُمَرُ الشَّامَ أَتَتْهُ الْجُنُودُ وَعَلَيْهِ إِزَارٌ وَخُفَّانِ وَعِمَامَةٌ وَأَخَذَ بِرَأْسِ بَعِيرِهِ يَخُوضُ الْمَاءَ، فَقَالُوا لَهُ: يَا أَمِيرَ الْمُؤْمِنِينَ، تَلْقَاكَ الْجُنُودُ وَبِطَارِقَةِ الشَّامِ وَأَنْتَ عَلَى هَذَا الْحَالِ، قَالَ: فَقَالَ عُمَرُ: " إِنَّا قَوْمٌ أَعَزَّنَا اللَّهُ بِالْإِسْلَامِ، فَلَنْ نَلْتَمِسُ الْعِزَّ بِغَيْرِهِ."

102. وقال ابن أبي شيبة في مصنفه: حَدَّثَنَا أَبُو دَاوُدَ عُمَرُ بْنُ سَعْدٍ، عَنْ سُفْيَانَ، عَنْ مَنْصُورٍ، عَنْ رِبْعِيٍّ ، قَالَ : سَمِعْتُ حُذَيْفَةَ يَقُولُ : "مَا كَانَ الإِسْلاَمُ فِي زَمَانِ عُمَرَ إِلاَّ كَالرَّجُلِ الْمُقْبِلِ مَا يَزْدَادُ إِلاَّ قُرْبًا. فَلَمَّا قُتِلَ عُمَرُ كَانَ كَالرَّجُلِ الْمُدْبِرِ مَا يَزْدَادُ إِلاَّ بُعْدًا."

- وقال ابن سعد في «كتاب الطبقات الكبير»: أَخبَرنا الفَضلُ بن دُكَينٍ، ومُحَمد بن عَبد الله الأَسَديُّ، قالاَ: أَخبَرنا سُفيانُ، عَن مَنصورٍ، عَن رِبعيّ بن حِراشٍ، عَن حُذَيفَةَ: كانَ الإِسلاَمُ في زَمَن عُمَر كالرَّجُل المُقبِل لاَ يَزدادُ إِلاَّ قُربًا، فَلَمّا قُتِلَ عُمَرُ رَحِمَهُ الله, كانَ كالرَّجُل المُدبَّر لاَ يَزدادُ إِلاَّ بُعدًا.

تم كتاب «مقتل أمير المؤمنين عمر بن الخطاب» بفضل الله تعالى. وصلى الله على إمام المتقين وعلى آله وأصحابه وسائر من استن بسنته، ورضي الله عن الفاروق وأذل الله شانئيه الحاقدين بالخزي والشنار إلى يوم الدين. آمين آمين، إنه ولي ذلك والقادر عليه,

وكتب عبد الله بن محمد الرّبّاط حامدًا مصلّيًا مسلّمًا.

Bibliography

Al-ʾAṣbahānī, Abū Nuʿaym Ahmed ibn ʿAbdillāh. *Hilyat al-ʾAwliyāʾ wa-Ṭabaqāt al-ʾAṣfiyāʾ*, Cairo: Dār Al-Ḥadīth, 1430/2009.

Al-ʾAṣbaḥī, Mālik ibn Anas. *Al-Muwaṭṭaʾ - Riwāyat Abī Muṣʿab al-Zuhrī*, Cairo: Dār Al-Taʾṣīl, 1441/2019.

——. *Al-Muwaṭṭaʾ - Riwāyat Yaḥyā al-Laythī*, Damascus: Resalah Publishers, 1440/2019.

Al-Bāhilī, Abū al-Jahm al-ʿAlāʾ ibn Mūsā, Beirut: Dar Al-Kotob Al-Ilmiyah, 1434/2013.

Al-Balāḏurī, Aḥmed ibn Yaḥyā. *Jumalun Min Ansāb al-ʾAshrāf*, Beirut: Dār Al-Fikr, 1417/1996.

Al-Buhūtī, Manṣūr ibn Yūnus. *Al-Rawḍ al-Murbiʿ Sharḥ Zād al-Mustaqniʿ*, Dammam: Dār Ibn al-Jawzī, 1440.

Al-Bukhārī, Muḥammad ibn Ismāʿīl. *Al-ʾAdab al-Mufrad*, Al-Jubayl: Dār Al-Ṣiddīq, 1436/2015.

——. *Ṣaḥīḥ al-Bukhārī*, Beirut: Dār Ibn Kathīr, 1414/1993.

——. *Al-Tārīkh al-ʾAwsaṭ*, Riyadh: Maktabat Al-Rushd, 1439/2018.

Al-Dimashqī, Abū Zurʿa ʿAbdurraḥmān ibn ʿAmr. *Tārīkh Abī Zurʿa al-Dimashqī*, Beirut: Dār Al-Kutub Al-ʿIlmiyya, 1417/1996.

Al-Fasawī, Yaʿqūb ibn Sufyān. *Kitāb al-Maʿrifa wa-l-Tārīkh*, Beirut: Resalah Publishers, 1401/1981.

Al-Ḥumaydī, ʿAbdullāh ibn al-Zubayr. *Al-Musnad*, Medina: Dār Al-Fikr, 1382.

Ibn ʿAbdilBarr, Yūsuf ibn ʿAbdillāh. *Al-ʾIstiḏkār*, Cairo: Dār Al-Waʿī, 1414/1993.

Ibn Abī al-Dunyā, ʿAbdullāh ibn Muḥammad. *Kitāb al-Riqqa wa-l-Bukāʾ*, Beirut: Dār Ibn Ḥazm, 1419/1998.

——. *Kitāb al-Tahajjud wa-Qiyām al-Layl*, Riyadh: Maktabat Al-Rushd, 1418/1998.

Ibn Abī Shayba, ʿAbdullāh. *Muṣannaf Ibn Abī Shayba*, Beirut: Dār Qurṭuba, 1427/2006.

Ibn Ḥajar al-ʿAsqalānī. ʿAḥmed ibn ʿAlī. *Fatḥ al-Bārī Sharḥ Ṣaḥīḥ al-Bukhārī*, Beirut: Dār Al-Maʿrifa, 1379.

——. *Al-Maṭālib al-ʿĀliya Bi-Zawāʾid al-Masānīd al-Thamāniya*, Riyadh: Dār Al-ʿĀṣima li-l-Nashr wa-l-Tawzīʿ, 1419/1998.

Ibn Ḥanbal, Aḥmed ibn Muḥammad. *Musnad al-Imām Aḥmed ibn Ḥanbal*, Beirut: Resalah Publishers, 1421/2001.

Ibn Ḥibbān, Muḥammad. *Kitāb Mashāhīr ʿUlamāʾ al-ʾAmṣār*, Dar Al-Kotob Al-Ilmiyah: Beirut, 1416/1995.

Ibn Khayyāṭ, Khalīfa. *Tārīkh Khalīfa ibn Khayyāṭ*, Resalah Publishers: 1397.

Ibn Manṣūr, Saʿīd. *Sunan Saʿīd ibn Manṣūr*, Beirut: Dār Al-Kutub al-ʿIlmiyya, 1985.

Ibn Saʿd, Muḥammad. *Kitāb al-Ṭabaqāt al-Kabīr,* Cairo: Maktabat Al-Khānjī, 1434/2012.

Ibn al-Sarī, Hannād. *Kitāb al-Zuhd*, Kuwait: Dār Al-Khulafāʾ li-l-Nashr Al-Islāmī, 1406/1985.

Ibn Shabba, ʿUmar. *Akhbār al-Madīna al-Nabawiyya*, Buraydah: Dār Al-ʿUlayyān, 1411/1990.

Ibn Taymiyya, Aḥmed ibn ʿAbdilḤalīm. *Minhāj al-Sunnh al-Nabawiyya Fī Naqḍ Kalām al-Shīʿa wa-l-Qadariyya*, Riyadh: Imam Mohammad Ibn Saud Islamic University, 1406/1986.

Al-Maqrīzī, Aḥmed ibn ʿAlī. *Mukhtaṣar Qiyām al-Layl wa-Qiyām Ramaḍān wa-Kitāb al-Witr*, Faisalabad: Ḥadīth Academy, 1408/1988.

Al-Mawṣilī, Abū Yaʿlā Aḥmed ibn ʿAlī. *Musnad Abī Yaʿlā*, Damascus: Dār Al-Maʾmūn Li-l-Turāth, 1404/1984.

Al-Mawṣilī, al-Muʿāfā ibn ʿImrān. *Kitāb al-Zuhd*, Beirut: Dār Al-Bashaer Al-Islāmiyya, 1420/1999.

Al-Naysābūrī, al-Ḥākim Muḥammad ibn ʿAbdillāh. *Al-Mustadrak ʿAlā al-Ṣaḥīḥayn*, Cairo: Dār Al-Taʾṣīl, 1435/2014.

Al-Naysābūrī, Muslim ibn al-Ḥajjāj. *Ṣaḥīḥ Muslim*, Cairo: Dār Al-Ḥadīth, 1412/1991.

Al-Qayrawānī, Abū al-ʿArab Muḥammad ibn Aḥmed. *Kitāb al-Miḥan*, Beirut: Dār Al-Gharb Al-Islāmī, 1427/2006.

Al-Ṣanʿānī, ʿAbdurrazzāq ibn Hammām. *Muṣannaf ʿAbdirrazzāq*, Cairo: Dār Al-Taʾṣīl, 1436/2015.

Al-Ṭabarī, Muḥammad ibn Jarīr. *Tārīkh al-Ṭabarī*, Beirut: Dār Ibn Ḥazm, 1435/2014.

www.ingramcontent.com/pod-product-compliance
Lightning Source LLC
Chambersburg PA
CBHW060123050426
42448CB00010B/2010
* 9 7 9 8 2 1 8 3 3 9 3 4 0 *